사람을 움직이는
피드백의 힘

TELL ME HOW I'M DOING

Copyright ⓒ 2007 by Richard L. Williams

Published by arrangement with Harpercollins Leadership,
a division of HarperCollins Focus, LLC.

Korean Translation Copyright ⓒ 2021 by Global Bridge
Korean edition is published by arrangement with Harpercollins Leadership
through Imprima Korea Agency

이 책의 한국어판 저작권은 Imprima Korea Agency를 통해
Harpercollins Leadership 사와의 독점계약으로 글로벌브릿지에 있습니다.
저작권법에 의해 한국 내에서 보호를 받는 저작물이므로
무단전재와 무단복제를 금합니다.

사람을 움직이는
피드백의 힘

FEED BACK

리처드 윌리엄스 지음 | 고원 옮김

서문

풍요로운 인생을 창출하는 에너지, 피드백에 대해

피드백 feedback.

직장인이라면 하루에도 몇 번씩 들어보고 생각하고 곱씹어 음미하는 단어일 터다. 직장인이 아닐지라도, 그리고 '피드백' 하고 발음했을 때 혀 끝에 감기는 어감이 낯설게 느껴진다 할지라도, 늘 사람과 사람 사이의 조화롭고 풍요한 '관계'를 절실하게 고민하고 있는 사람이라면 분명 '피드백'에 대해 깊이 생각하고 있음에 틀림없다. 그렇다면 피드백이란 무엇일까? 피드백이란 '사람을 움직이는 힘'이다.

  잠시 우리의 삶을 들여다보자.
  우리가 직장인이라면, 우리의 직장생활은 피드백의 연속선상에 놓여 있을 것이다. 우리는 우리가 진행하는 프로젝트와 일상 업무에 대해 끊임없이 상사에게 피드백을 받거나 상사에게 피드백을 요청할 것이다. 그와 동시에 우리와 함께하는 동료, 후배들과도 뛰어난 피드백을 주고받아야 한다. 회사를 다니는 우리는 지금 그들과 어떤 피드백을 주고받고 있는가?

지친 몸을 이끌고 집으로 돌아온 뒤에도 우리는 여전히 피드백의 연속선상에 있다. 좀 더 풍요롭고 행복한 가정을 이루기 위해 우리는 가족들과 늘 피드백을 주고받는다. 퇴근 후 집에 돌아가서 우리는 아내 또는 남편, 그리고 아이들과 어떤 피드백을 주고받고 있는가?

물과 공기가 없으면 인간은 살아갈 수 없듯, 피드백이 없으면 사람과 사람 사이에 어떤 유의미한 관계도 형성되지 않는다. 물과 공기가 인생의 밑바탕을 이루는 뿌리 역할을 한다면, 피드백은 인생을 풍요롭고 매력적으로 만드는 물관과 체관의 역할을 한다. 결국 인생이란 사람과 사람 사이의 다양한 관계를 통해 꽃을 피우는 것일 테니까 말이다.

이 책에서 우리는 크게 네 가지 유형의 피드백을 둘러싼 다양한 이야기를 만나게 될 것이다.

첫째, '지지적 피드백supportive feedback'이다. 지지적 피드백은 소통의 긍정적인 에너지에 바탕하고 있다. 서로가 서로의 견해를 존중하고, 배려하고, 격려하는 지지적 피드백은 모든 인간관계의 선한 근원을 이룬다. 하지만 지지적 피드백을 주고받을 수 있는 남다른 마음가짐과 각별한 노하우를 습득하기란 생각처럼 쉽지 않다. 이 책은 우리에게 지지적 피드백의 진정한 효과와 의미에 대해 친절하게 일러줄 것이다.

둘째, '교정적 피드백corrective feedback'이다. 교정적 피드백은 기존에 형성된 관계를 개선하고 발전시켜나가는 데 유용하다. 열정과 성실함을 갖춘 사람들과의 관계에서 우리는 교정적 피드백을 통해 반복되는 실수나 잘못 등을 적절하게 고쳐나갈 수 있다. 교정적 피드백을 잘 활용하면 예상치 못한 큰 시너지를 창출해낼 수 있다. 지지적 피드백이 포착해내지 못하는 대인관계의 공백을 교정적 피드백을 통해 훌륭하게 보완해나갈 수 있다. 이 책은 다양한 사례를 통해 지지적 피드백과 교정적 피드백을 조화시킬 수 있는 방법들을 우리에게 선물할 것이다.

셋째, '학대적 피드백abusive feedback'이다. 사실 인생의 많은 관계들이 바로 이 학대적 피드백에 둘러싸여 있다고 해도 지나친 말은 아니다. 우리는 다른 사람에게 상처와 절망을 주는 학대적 피드백에 자신도 모르게 익숙해져 있지 않은가? 그리하여 점점 더 큰 갈등을 빚어낼 뿐인 많은 관계 속에서 고통스러워하고 번민하고 있지는 않은가? 이 책은 우리가 맺고 있는 관계들에 부정적 영향을 미치는 학대적 피드백의 유형과 그에 따른 대책 등을 간명하게 제시한다.

 넷째, '무의미한 피드백insignificant feedback'이다. 아무런 의미도 없는 피드백은 어떤 면에서 학대적 피드백보다도 더 학대적이다. 무의미한 피드백은 관계를 형식적인 차원으로 전락시키고, 나아가 어떤 유의미한 발전도 도모하지 못한 채 그저 관계의 타성과 나태함, 권태로움만을 양산할 뿐이다. 학대적 피드백과 함께 무의미한 피드백은 행복한 삶과 즐거운 일터를 꿈꾼다면 반드시 지양해야 할 커뮤니케이션 유형이다. 이 책은 무의미한 피드백이 인생을 얼마나 지루하고 황폐하게 만드는지 보여줄 것이다.

 이 밖에도 우리는 이 책에서 피드백을 통해 자신의 삶과 일을 성공적으로 변화시킨 사람들의 흥미진진한 이야기들을 만나게 될 것이다.

 앞에서 강조한 바와 같이 피드백은 인생을 꽃피울 수 있는 관계의 기술이요, 미학적 도구다. 이런 면에서 피드백은 직장인들만의 전유물에 머물지 않는다. 피드백은 풍요한 인생을 견인해나가는 아주 특별한 성장 엔진과도 같다. 따라서 차갑고 각박해지기 쉬운 디지털 시대를 살아가는 사람이라면 누구나 건강하고 바람직한 피드백 기술을 연마해나가야 한다.

 우리는 어제도, 오늘도, 그리고 내일도 피드백을 주고받으며 살아가고 있다. 지금 이 순간, 삶의 행복과 일터에서의 풍요한 성취를 꿈꾼다면, 이 책은 더할 나위 없는 우리 인생의 동반자가 되어줄 것이다.

 자, 그럼 지금부터 세상에서 가장 매력적인 관계들을 창출해낸 싱싱한 피드백 이야기 속으로 들어가보자!

리처드 윌리엄스

❖❖❖ 차례

서문 풍요로운 인생을 창출하는 에너지, 피드백에 대해 • 004

01 스콧의 이야기 하나

우리의 삶에서 피드백은 얼마나 중요한가 • 013

팀장에게 가장 중요한 일이란 • 016 | 나 여기 있다니까! • 019

02 스콧의 이야기 둘

모든 인간관계의 시작, 피드백 • 031

내 피드백 점수는? • 039 | 피드백의 10가지 요소를 찾아서 • 043 | 직장 내 수다도 피드백이라고? • 049 | 집에서도 회사처럼 할 수 있다면? • 055

03 스콧의 이야기 셋

피드백 통이 말라버렸다면 • 059

구멍 뚫린 피드백 통 • 062 | 피드백 통의 구멍을 메우는 방법 • 066 | 누구의 피드백 통부터 채워야 할까? • 076

04 스콧의 이야기 넷

신뢰로 나아가기 위한 첫 걸음 • 079

피드백의 4가지 유형 • 084 | 제리는 혼자서도 잘할 거라는 착각 • 090 | 신뢰를 쌓는 4단계 • 096 | 잘못을 인정하는 용기가 필요할 때 • 100

05 스콧의 이야기 다섯

진심을 담은 사과가 필요한 순간 • 105

고마움을 표현할 때를 놓친다면 • 108 | 제리와의 점심식사에서 깨달은 것들 • 113

06 스콧의 이야기 여섯

다른 사람의 장점을 보는 연습 • 123

문제사원에서 우수사원으로 바뀐 제리 • 127 | 격려의 피드백 vs. 학대적 피드백 • 130

07 스콧의 이야기 일곱

칭찬과 격려가 바꾸는 것들 • 141

격려와 감사의 마음을 전하려면 • 148 | 조련사들의 격려법 • 155 | 아이를 바꾸는 가장 빠른 방법 • 158 | 지지적 피드백의 4단계 • 160

08 스콧의 이야기 여덟

인생을 바꾸는 힘 • 167

부정적인 행동을 없애준다고? • 172 | 곤란한 대화를 나누어야 할 때 • 174 | 명령과 설득, 협박의 차이 • 178 | 행동을 변화시키는 5단계 • 182 | 휴식시간에 일어난 일 • 187 | 질문도 피드백이 된다고? • 189 | 스스로 변화하게 만들려면 • 193 | 때로 단호함도 필요하다 • 196

09 스콧의 이야기 아홉

사람과 사람을 잇는 다리 • 201

스콧이 있어 좋은 회사 • 207 | 따뜻한 대화가 인간관계를 바꾼다 • 210 | 충고는 부드럽고 단호하게 • 214 | 피드백의 달인이 된 스콧 • 216 | 이제는 휴가를 떠날 시간 • 222

부록 1 피드백을 평가하는 방법 • 226
부록 2 우리가 피드백을 할 때 유의해야 할 것들 • 238

01

스콧의 이야기

우리의 삶에서 피드백은 얼마나 중요한가

"그렇다면 스콧 씨, 당신의 삶에서 피드백은
얼마나 중요한 거죠?"

"한 시간 동안 사라졌던 게 바로 피드백이라면,
그건 아주 중요합니다."

"이봐, 가는 거야?"

"응, 가봐야 하지 않겠어? 아, 정말 바빠 죽겠는데 안 가면 이사님이 뭐라고 하실 거 같아서."

"서둘러야지. 늦겠어."

스콧은 그날 아침 팀장들을 위해 이사가 계획해놓은 교육을 깜빡 잊고 있었다. 스콧은 산적한 업무를 놔두고 한가하게 강의나 들을 마음이 생기지 않았다. 요즘 들어 부쩍 해결해야 할 문제가 많아져 강의는커녕 쌓인 일을 처리할 시간도 부족한 형편이었다. 회사에서든 집에서든, 사정은 마찬가지였다.

스콧이 회의실에 도착하고 얼마 지나지 않아 이사가 입을 열었다.

"자, 그럼 시작해볼까요? 오늘 우리의 교육을 위해 외부에서 강사 한 분이 와 계십니다. 저는 이분께 가능한 많은 시간을 드리고 싶습니다. 지금부터 우리는 약간 이상하게 느껴질지도 모르는 실험을 하나 할 겁니다. 그러나 만약 여러분이 이 강의에 마음을 연다면 강사님의 메시지가 얼마나 중요한지 알게 될 겁니다. 그러나 제가 실제로 강사님의 메시지를 깨닫기까지는 시간이 좀 걸렸죠. 아마 제가 이 문제에 대해서는 좀 늦는 편인 것 같습니다."

'이사도 깨닫는 데 좀 걸렸다면서 우리는 여기 모여서 뭐 하는 거야? 지금 할 일이 태산 같은데…….'

스콧은 이 교육이 영 못마땅했다.

팀장에게 가장 중요한 일이란

"오늘 저를 이곳에 초대해주셔서 감사합니다."

강사는 활기찬 인사로 강의를 시작했다.

"우선 다음 문장을 완성하는 것으로 시작해볼까요? '팀장으로서 가장 중요한 문제는 부하직원들이……?'"

짧은 정적이 흐른 뒤 스콧의 동료가 대답했다.

"해야 할 일을 하게 하는 것입니다."

"징징거리거나 불평하지 않고 말이죠."

다른 사람이 덧붙였다. 회의실 안의 많은 팀장들이 고개를 끄덕였다.

또 다른 동료가 말했다. "제 생각에는 직원들이 일을 '처음에' 제대로 하도록 만드는 게 중요할 것 같습니다."

강사가 물었다. "제가 한번 질문해보죠. 여러분의 직원들은 자신이 무엇을 해야 하는지 알고 있나요?"

"대체로 그런 편이죠." 누군가 대답했다.

강사가 그의 답에 다시 질문을 던졌다.

"그렇다면 좀 이상한데요? 만약 직원들이 자신이 해야 일을 제대로 알고 있다면, 왜 어떤 직원들은 멋대로 하는 걸까요?"

모두 강사가 던진 질문에 답을 생각하는 동안 회의실 안에는 긴 침묵이 흘렀다. 지난 한 주 동안 가장 문제를 많이 일으킨 직원들이 할 일이 뭔지 제대로 알고 있었는데도 매번 말썽을 일으켰다고 생각하자, 스콧은 새삼 짜증이 밀려왔다. 스콧이 생각하고 있는 게 표정에 나타났는지 강사가 스콧을 보고 물었다.

"뭔가 골똘히 생각하고 계시네요. 무엇을 생각하는지 좀 말씀해주실 수 있을까요?"

미처 예상치 못한 강사의 질문에 스콧은 다소 주저하며 말문을 열었다.

"말이 되는지는 모르겠습니다만, 저는 제 직원들이 자기 일에 대해 얼마나 알고 있는지의 여부와는 상관없이 직원들이 일을 하게끔 만드는 것 자체가 어렵다는 생각을 했습니다."

"말이 되고말고요. 바로 그 답을 여러분과 제가 지금부터 찾아 볼 겁니다. 개인적으로 저는 비난이나 수치심, 죄책감 같은 느낌을 갖게 하는 게임은 좋아하지 않습니다만, 한번 생각해보죠. 여러분의 직원이 무엇을 해야 하고, 어떻게 해야 하고, 심지어는 언제 해야 하는지도 아는데 어떤 설명할 수 없는 이유 때문에 그 일을 하지 않는다면, 근본적인 원인은 과연 무엇일까요?"

회의실에 침묵이 흘렀다. 아무도 대답을 하지 않자 강사는 스콧을 쳐다보았다.

"어떻게 생각하세요? 누구에게 책임이 있지요?"

"만약 제 직원이 무엇을 해야 하고, 어떻게 해야 하고, 언제 해야 하는지도 안다…… 그런데도 하지 않는다면, 그건 그 직원에게 문제가 있는 것 아닌가요?" 고개를 갸웃거리면서 스콧이 말했다.

강사는 회의실 중앙으로 걸어가 물을 한 모금 마셨다. 그리고는 회의실 안에 모인 12명의 눈을 응시하면서 말했다.

"여러분은 어떻게 생각하세요? 직원일까요, 아니면 상사일까요?"

회의실 안의 팀장들 대부분은 강사의 물음에 뭔가 함정이 있다는 것을 알아차렸다. 스콧은 강사의 말이 무엇을 의미하는지 정확히 파악하지는 못했지만, 부하직원이 일하지 않는 것은 자기 책임이 아닌 것만은 분명하다고 확신했다. 사실 스콧은 강의 내용 자체가 그리 와 닿지 않았지만, 회의실에 있는 이사의 심기를 건드리고 싶지 않아 잠자코 있었다.

회의실 안의 실망감을 눈치 챈 강사가 눈썹을 찡긋 올리고 살짝 미소를 지으며 말했다.

"이 질문에 답하기 전에 왜 이사님이 이 프레젠테이션을 약간 '이상하다'라고 표현했는지 말씀드리겠습니다. 하지만 그 전에 5분 정도 쉴까요? 제가 좀 할 일이 있어서요."

나 여기 있다니까!

몇 분 뒤, 스콧이 회의실로 들어가려는데 이사가 그를 불러 세웠다.

"이보게, 스콧! 내가 급하게 부탁할 게 있는데…… 현관 로비의 안내데스크에 가면 내 이름이 적힌 봉투가 있을 걸세. 그것 좀 갖다주겠나? 회의에는 좀 늦어도 괜찮네."

무슨 영문인지 몰라 어리둥절한 채로 스콧은 빌딩의 다른 쪽 끝을 향해 걸어가기 시작했다.

한편 회의실 안에서는 강사가 급히 문을 닫으며 남은 사람들을 향해 입을 열었다.

"이제부터 실험을 하나 할 겁니다. 우리가 설정해놓은 심부름을 하기 위해 방금 전에 스콧 씨를 어딘가로 보냈습니다. 좀 있으면 이사님이 갖고 오라고 부탁한 봉투를 하나 들고 들어올 건데요, 그게 바로 설정된 심부름입니다.

스콧 씨가 돌아오면 여러분은 모두 스콧 씨를 무시하시기 바랍니다. 쳐다보거나 말도 걸지 마시고요. 스콧 씨가 질문을 해도 못 들은 척하세요. 여러분과 저는 모두 그분이 여기 있지 않은 것처럼 행동해야 합니다. 앞으로 한 시간 동안은요. 한 시간 후 다시 휴식시간을 가질 텐데, 그때도 스콧 씨하고는 어떤 식으로든 상대를 하시거나 대화하시면 안 됩니다. 모두 명심하세요. 한 시간 동안 그분은 여기에 없는 겁니다.

다음 휴식시간이 끝나면 스콧 씨에게 무엇을 깨달았는지, 무시되는 동안 어떤 느낌을 받았는지 들어보는 시간을 갖겠습니다. 질문 있으신가요? 없군요. 좋습니다. 그럼 스콧 씨가 돌아왔을 때 이상한 점을 눈치 채지 못하도록 지금부터 시작하지요."

강사의 말이 끝나고 1분 뒤 스콧이 회의실에 들어와 이사에게 봉투를 건네주려고 했지만, 이사는 봉투를 받으려고 하지 않고 강사만 쳐다보았다.

'왜 안 받지?' 스콧은 어쩔 줄 몰라 하다가 이사의 옆에 있는 테이블 위에 봉투를 내려놓고는 자리로 돌아왔다.

강사는 관리직으로 승진했지만 부하직원들을 잘 이끌지 못해서 결국 해고된 사람에 대해 말하고 있었다. 그 사람의 부하직원들은 새로운 상사가 너무 심하게 비판하고 불평만 해서 자신들마저 일할 의욕을 잃어버렸다고 푸념했다는 것이다.

"어떻게 생각하세요?" 강사는 강의 노트에서 눈을 들어 청중을 바라보았다.

"비판이나 불평, 또는 빈정거림이 직원들을 더 열심히 일하게 할까요?"

아무도 대답하지 않았다. 깊은 정적이 흘렀다. 마침내 스콧이 손을 들었다. 무엇인가 확인하고 싶은 것이 있기 때문이었다. 그러나 강사는 스콧을 무시했다. 아무도 그를 쳐다보지 않았다. 몇 초 동안의 침묵을 깨고 강사가 계속 진행해나갔다.

"여러분 모두 답이 무엇인지 잘 모르시는 것 같군요."

강사는 스콧의 바로 앞까지 걸어왔다. 그러고는 스콧에게는 눈길 한 번 주지 않은 채 말을 이었다.

"누군가 여러분에게 비판만 하거나 빈정거린다면, 여러분은 얼마나 더 열심히 일하게 될까요? 한번 생각해보세요."

또다시 스콧이 손을 들었다. 이번에는 잘 보이라고 좀 더 높이 들었다. 그러나 강사는 자기 얼굴 바로 앞에 있는 스콧의 손을 못 본 체했다. 스콧은 회의실 안에 있는 동료들을 둘러보았다. 아무도 그를 쳐다보지 않았다. 마치 그가 사라져버린 것 같았다.

'도대체 무슨 일이 일어난 거야?' 스콧은 혼란스러웠다.

한 시간 후 강사는 다시 휴식시간을 가졌다. 스콧은 종종 점심 식사를 함께하는 절친한 동료에게 다가갔다. 스콧은 화가 났다. 뭔가 기분 나쁜 일이 벌어지고 있었다.

"도대체 무슨 일이야?"

그가 따지듯 물었다. 그러나 친구는 한마디 대꾸도 없이 회의실 밖으로 나가버렸다. 마치 스콧을 보지 못한 것 같았다.

'뭐야!' 스콧의 기분은 이루 말할 수 없었다.

'이게 장난이라면 하나도 재미없어.'

회의실에 돌아온 스콧은 굳은 얼굴로 팔짱을 낀 채 자리에 앉았다. 그는 두 가지 가능성을 생각했다. 하나는 외계인이 자신을 안 보이게 만든 것이고, 다른 하나는 친한 친구를 포함한 동료들이 자신을 기분 나쁜 게임의 희생양으로 만든 것이다. 어떤 것이든 마음에 들지 않았다. 이렇게 무시당하고 있자니 사무실로 돌아가 무언가 생산적인 일을 하고 싶다는 생각이 더 간절해졌다.

"무슨 문제가 있나요, 스콧 씨?"

마침내 강사가 물었다.

"글쎄요, 무슨 일이 벌어지고 있는 것 같은데, 그게 뭔지는 잘 모르겠습니다."

스콧이 퉁명스럽게 대답했다.

"무슨 일이 벌어지고 있는 것 같은데요?"

"여기 계신 분들이 모두 어떤 게임 같은 걸 하나봅니다."

스콧의 대답에 담긴 좌절감을 느끼면서 강사는 가만히 미소 지었다.

"스콧 씨, 우리가 게임을 하고 있던 건 맞아요. 이사님이 중요한 실험을 위해서 스콧 씨를 지목하셨어요. 스콧 씨가 여기 계신 분들을 잘 알 뿐만 아니라, 이사님 생각에 스콧 씨라면 짓궂은 장난도 받아들일 수 있을 것 같아서요. 이사님 생각이 맞았기를 바랍니다."

"그래서 이게 다 뭐죠?" 여전히 감정이 풀리지 않은 듯한 얼굴로 스콧이 물었다.

"스콧 씨, 지난 한 시간 동안 이 방 안에 있는 사람들은 모두 당신에게 어떤 형태로든 피드백을 전혀 주지 않았습니다. 제가 동료분들께 당신을 완전히 무시하라고 지시했죠. 저를 비롯해서 우리 중 누구도 당신을 쳐다보거나 말을 걸 수 없었습니다. 이게 평범하지 않은 실험이란 것은 잘 알아요. 그렇지만 피드백을 거부당한 사람의 심경에 어떤 변화가 일어나는지 직접 경험하도록 하기 위해 누군가가 필요했어요. 그 점 양해해주시기 바랍니다. 자, 그럼 이제 스콧 씨가 무엇을 느꼈는지, 그리고 뭔가 다르다는 것을 알아차리는 데 얼마나 걸렸는지 말해주실 차례예요."

스콧은 잠시 망설이다가 말했다.

"뭐, 회의실에 들어서자마자 뭔가 달라졌다는 것을 알아차렸죠. 아무도 나를 쳐다보지 않았으니까요. 누구도 어떤 반응도 하지 않았습니다."

"그래서 스콧 씨가 느낀 것은……?" 강사가 바로 질문했다.

"기분이 아주 안 좋았습니다. 특히 모두 절 못 본 체했던 휴식 시간은요. 무언가 잘못되었다는 것은 알았지만 그게 뭔지는 몰랐거든요."

"그렇다면 스콧 씨, 당신의 삶에서 피드백은 얼마나 중요한 거죠?"

"한 시간 동안 사라졌던 게 바로 피드백이란 것이라면, 그건 아주 중요합니다."

강사는 스콧을 향해 두어 발자국 다가갔다.

"그리고 만약 직원으로서 당신이 이 회사 내에서 피드백을 거부당했다면 어떨까요? 완전히, 아니면 일부분이라도 말이죠. 한 시간, 한 주, 심지어는 더 오랜 기간 동안 피드백을 받지 못한다면 당신의 업무 생산성이 얼마나 좋아질 거라고 생각하세요?"

회의실 안의 팀장들은 스콧의 얼굴에 나타난 일그러진 표정을 눈치챘다. 무엇인가 그에게 충격을 준 것이 분명했다. 몇 초 동안 망설이다가 스콧이 대답했다.

"별로 좋아지지 않을 거 같군요."

스콧의 반응을 눈치 챈 강사는 더욱 공격적으로 질문하기 시작했다.

"만약 지난 한 시간 동안 이 회의실 안에서처럼 당신이 피드백을 거절당한다면, 이 조직에 얼마나 책임감을 느끼고 성실하게 일할 수 있으시겠어요? 생산성은 높을까요, 아니면 낮을까요? 자신의 업무에 얼마나 주도적으로 임할 수 있을까요? 사기는 과연 얼마나 높을까요? 그리고 만약 다른 회사에서 스카우트 제의를 받는다면 그 제안을 거절할 확률은 얼마나 될까요?"

강사의 질문은 스콧에게 큰 충격이었다. 그는 강사의 질문에 대답할 적절한 단어를 찾으려 했지만 머릿속이 텅 비어버린 느낌이었다. 마침내 스콧은 강사의 질문을 인정한 채, 그저 이렇게만 대답했다.

"피드백이란 건 정말 중요하군요……."

"맞아요, 스콧 씨. 피드백은 우리 모두에게 중요해요. 피드백은 모든 대인관계의 근원입니다. 피드백은 사람들이 어떻게 생각할지, 어떻게 느낄지, 다른 사람들에게 어떻게 반응할지, 그리고 넓게는 일상적인 책임 범위에서 개개인이 어떻게 행동할지를 결정해요."

강사는 잠시 말을 멈추고 자신의 메시지가 팀장들에게 의도된 깨달음을 주었는지 확인했다. 그러고는 다시 스콧을 돌아보았다.

"뛰어난 회사는 직원들의 생산성을 유지하거나 향상시키기 위한 프로그램을 마련하는 데 무수한 시간과 노력, 그리고 돈을 들입니다. 아무 서점이나 가서 경제경영 분야를 살펴보세요. 그러면 직원들을 더 효과적이고 효율적으로 만드는 전략을 소개한 책들을 많이 볼 수 있을 거예요.

그런 책들이 효과가 없다고 말하려는 것은 결코 아닙니다. 다만 여러분께서는 이 점을 이해하셔야 합니다. 모든 직원의 생산성의 기반에는 대인관계의 피드백이 필수조건으로 깔려 있습니다. 그것도 없이 사람들은 직장에서 발생하는 문제를 증명해 보이려고 하죠. 최선의 해결책을 찾기 위해 우리가 무수히 많은 돈과 자원을 쏟는 그런 종류의 문제들 말이에요. 하지만 피드백만 적절히 받으면 사람들은 서점에 있는 책들이 추구하는 그런 일들을 기꺼이 해내려고 합니다."

자신의 말에 스스로 고개를 끄덕이며 강사는 말을 이었다.

"그렇다면 피드백이 우리 개개인에게는 얼마나 중요할까요? 음…… 그것은 이 회의실 안의 모든 사람과 이 회사의 모든 정상적인 사람들에게 활력을 불어넣는 건강한 혈관과 같다고 할 수 있어요."

강사가 말한 내용의 의미를 되새기는 동안 회의실 안에는 스산한 침묵이 감돌았다. 팀장들은 저마다 자신의 피드백 스타일을 생각해보고 있는 것이 분명했다. 두세 명의 팀장들은 강사와 눈을 마주치지 않으려고 자신의 노트를 내려다보고 있었다. 어느 팀장은 긴장한 듯 손목시계를 흘끗거렸다. 스콧은 멍하니 벽을 쳐다보다가 강사에게로 시선을 옮겼다.

핵심을 전달한 강사는 마무리 발언을 하기 시작했다.

"바쁘신 와중에도 오늘 강의에 이렇게 참석해주셔서 감사합니다. 여러분의 참여에 감사드립니다. 특히 우리의 실험 대상이 되어주신 스콧 씨에게도 특별한 감사를 전합니다. 노고에 보답하는 마음으로 여러분 모두 스콧 씨에게 특별히 더 많은 피드백을 주시기 바랍니다. 괜찮으시겠어요, 스콧 씨?"

"괜찮습니다." 스콧이 짧게 대답했다.

"다음 시간에는 피드백이 직원과 가족을 포함한 모든 사람에게 정확히 얼마나 중요한지 구체적으로 알아보도록 하겠습니다."

사람들이 하나둘 자리를 뜨는 동안 강사는 스콧에게 다가왔다. "정말 괜찮으신 거죠? 제가 너무 당황스럽게 만들어드린 것 아닌지 모르겠어요."

스콧은 괜찮다는 표시로 고개를 끄덕였다.

"피드백의 힘은 직접 경험해보았으니, 이제 스콧 씨의 피드백 스타일이 직원이나 가족에게 얼마나 큰 영향력을 미치는지 생각해볼까요?"

스콧은 화들짝 놀라지 않을 수 없었다. "피드백과 가족이라……. 그 문제는 한 번도 생각해본 적이 없는데요."

"아마 다음 시간 전까지 그것에 대해 생각해볼 기회가 있겠죠. 뜻밖의 답이 나올 수도 있고요." 강사가 살짝 미소를 지었다.

그날 하루 종일, 그리고 그 후 며칠 동안 스콧의 머릿속에서는 강사의 질문이 떠나지 않았다. 일단 스콧은 직원들과의 불화 중

일부가 자신이 '좋은 피드백'을 주지 않아서 생긴 것이라고 인정했다. 그러나 자신이 고민하는 문제점 대부분이 피드백 때문일 리는 없다고 생각했다.

그러나 시간이 지남에 따라 스콧은 스스로의 믿음을 의심하기 시작했다.

02

스콧의 이야기

둘

모든 인간관계의 시작, 피드백

"대부분의 사람들이 깨닫지 못하는 것이 있습니다.
사람에게 네 번째로 중요한 인생의 자양분이 바로 '피드백'입니다.
중요성으로 따지자면 피드백은
세 가지 생리적 자양분과 견줄 만하죠."

E-Mail

보낸 사람: 스콧〈Scott@acompany.com〉

받는 사람: Coach@consultingcompany.com

제목: 첫 시간에 남겨주신 강사님의 질문에 대해

안녕하세요. 강사님. 스콧입니다.

다음 주에 두 번째 강의가 있다는 건 알지만 강사님의 마지막 질문이 머릿속에서 떠나지 않아 이렇게 연락드립니다. 강사님은 저와 직원들 사이의 문제점이 제 피드백 방식과 어떤 상관관계가 있는지 물었습니다. 그리고 저와 가족들 간에도 마찬가지일 거라고 힌트를 주셨죠. 안 그래도 최근에 신경 쓰이는 직원이 있는 터라 강사님의 질문에 대해 곰곰이 생각해봤습니다.

처음에 저는 제 피드백 방식과 부하직원의 문제는 아무런 관계도 없을 뿐만 아니라, 개인적으로 피드백도 잘하는 편이라고 생각했습니다. 하지만 지난번 강의시간에 일어났던 사건이 제 생각을 바꿨습니다. 아무도 제게 말을 걸어오지 않던 그 한 시간 동안 제가 무엇을 느꼈는지, 그리고 피드백을 거부당한 후 제가 어떻게 반응했는지를 떠올리고 나니 아무것도 확신하지 못하겠습니다. 답을 알려주세요. 직원들과의 문제와 제 피드백 방식 사이에 무슨 관계가 있는 거죠?

E-Mail

보낸 사람: 강사〈Coach@consultingcompany.com〉

받는 사람: Scott@acompany.com

제목: 오늘 아침 메일에 대해

안녕하세요. 스콧 씨. 반갑습니다.

우리가 논의했던 것에 대해 계속 생각하고 있었다니, 제 일에 보람을 느낍니다. 질문에 답하기 전에 먼저 스콧 씨가 피드백의 중요성을 이해하셨는지 궁금합니다. 직원들과 가족 모두에게 미치는 중요성을요.

대인관계의 피드백은 삶의 영양소와 같습니다. 우리는 공기 없이는 몇 분밖에 버티지 못하고, 물 없이는 며칠밖에 살지 못합니다. 먹을 게 없다면 몇 주밖에 못 살겠죠. 이 세 가지가 인간의 삶에서 생리적으로 가장 중요한 요소입니다. 그런데 이것 말고 대부분의 사람들이 깨닫지 못하는 것이 있습니다. 사람에게 네 번째로 중요한 인생의 자양분이 바로 '피드백'입니다. 중요성으로 따지자면 피드백은 세 가지 생리적 자양분과 견줄 만하죠. 지난 시간에 배웠듯이 어떤 사람이 한 시간이라도 피드백을 거부당한다면, 그 사람은 거절을 인식하는 데서 그치지 않고 비생산적이고 부적절한 방식으로 반응합니다. 만약 스콧 씨의 직원들이 생각만큼 실적을 올리지 못하거나 부적절한 행동을 보이기 시작한다면 스콧 씨가 주는 피드백에 양적·질적 문제는 없는지 근본적으로 재검토해봐야 합니다. 가정에서도 크게 다르지는 않아요. 도움이 좀 되었나요?

E-Mail

보낸 사람: 스콧〈Scott@acompany.com〉

받는 사람: Coach@consultingcompany.com

제목: 피드백

제 피드백이 다른 사람들에게 그렇게 많은 영향을 미치리라고는 생각해보지 못했습니다. 한꺼번에 다 받아들이기에는 너무 벅

찬 내용이네요.

저희 팀에 제리라는 직원이 있습니다. 예전에는 이 친구가 우리 회사에서 가장 뛰어난 직원이었습니다. 저는 제리가 워낙 출중하니까 혼자 내버려둬도 알아서 일을 잘할 거라고 생각했습니다.

그런데 지난 몇 달 동안 제리의 실적은 거의 35퍼센트 가까이 떨어졌습니다. 목표실적은 이미 물 건너갔고요. 제가 잔소리를 하니까 바로 나아지긴 했는데, 그나마 몇 주 동안만이고 금방 도로 제자리걸음이더군요. 그래서 다시 잔소리를 했죠. 그랬더니 고작 며칠 동안만 나아졌습니다. 제가 간섭을 하면 조금 좋아지는 것 같긴 한데, 무슨 이유에선지 그 친구는 이제 혼자서는 아무것도 해낼 수 없는 것 같아 보입니다. 그렇다고 제가 그 친구에게만 매달릴 수도 없고요. 이게 피드백과 관련된 문제일까요? 제가 어떻게 해야 할까요?

E-Mail

보낸 사람: 강사〈Coach@consultingcompany.com〉

받는 사람: Scott@acompany.com

제목: 제리

정리를 해봅시다. 제리라는 직원은 '우수사원'이었고 스콧 씨에게도 최고의 직원이었습니다. 이렇게 평가한 후 스콧 씨는 '방해하지 않겠다'는 구실로 제리 씨를 혼자 내버려두고 그에게 주던 피드백의 양을 줄였습니다. 그러자 제리 씨의 실적이 질적·양적으로 급격히 떨어졌고, 스콧 씨는 비판적 피드백을 늘렸습니다. 문제는 일시적으로만 해결되었고요.

스콧 씨는 어떻게 하면 예전 수준으로 제리 씨의 실적을 올릴 수 있는지 궁금해하셨습니다. 이 상황에서 무엇이 문제인지 직접 말씀해주시겠어요?

E-Mail

보낸 사람: 스콧〈Scott@acompany.com〉

받는 사람: Coach@consultingcompany.com

제목: 제리의 피드백

제리가 일을 잘하고 있을 때 아무런 피드백 없이 그를 혼자 내버려둔 것이 실수였다고 말씀하시는 것 같습니다. 그게 문제였던 것 같긴 합니다. 그런데 강사님은 제가 실적이 35퍼센트나 떨어진 직원을 질책하는 것도 잘못됐다고 말씀하시는 것 같습니다. 문제 있는 직원을 야단치지 않으면 어떻게 해야 하죠? 등을 토닥여주기라도 해야 합니까?

E-Mail

보낸 사람: 강사〈Coach@consultingcompany.com〉

받는 사람: Scott@acompany.com

제목: 피드백

효과 없는 일을 되풀이하면서 상황이 나아지기를 바라는 것은 무리죠. 스콧 씨의 행동이 효과가 없다는 게 판명 났는데도 계속 밀어붙이면서 좋은 결과를 기대할 수는 없습니다. 이 상황을 개선시키기 위해 무엇을 해야 할까요? 피드백의 힘에 대해, 그리고 그것이 어떻게 스콧 씨를 보다 유능하게 하고, 우리 삶을 훨씬 더 재미있게 만드는지 이해할 준비가 되셨나요? 무엇보다도, 회사에서뿐 아니라 가정에서도 개선해나갈 준비가 되셨습니까?

E-Mail

보낸 사람: 스콧〈Scott@acompany.com〉

받는 사람: Coach@consultingcompany.com

제목: 제리의 피드백

제가 정상적인 사람이기 바랍니다. 좋습니다. 제가 졌습니다. 강사님 말씀대로 하겠습니다. 어떻게 하면 제 피드백 능력을 향상시킬 수 있겠습니까?

내 피드백 점수는?

지난 강의에 참석했던 팀장들이 회의실에 다시 모였다. 강의가 시작되기 전에 몇 명은 친근하게 스콧을 툭툭 치기도 하고, 미안해하기도 했다.

이사는 "이보게, 스콧. 내게 봉투를 가져다주겠나?" 하면서 그를 놀렸다. 모두 웃었다. 지난 시간보다 훨씬 마음이 편안해진 스콧도 웃음으로 사람들의 농담을 받았다.

회의실 의자는 팀장들이 서로 마주볼 수 있도록 U자형으로 미리 배치되어 있었다. U자의 머리 쪽에 있는 작은 테이블에는 강사의 노트가 놓여 있었다. 이사가 모두 자리에 앉게 한 후 서두를 열었다.

"두 번째 시간에도 이렇게 모여주셔서 감사합니다. 오늘은 이 중요한 주제에 대해 우리 모두 더 많은 것을 배울 것이라 확신합니다. 그럼 강사님께 바통을 넘기겠습니다."

강사는 이사에게 초빙해준 것에 대해 다시 한 번 감사의 인사를 하고 나서, 앞에 놓인 테이블에서 연회색의 작은 서류 뭉치를 팀장들이 볼 수 있도록 들어 올렸다. 수업이 시작되었다. 강사가 말했다.

"이 연습문제로 이번 강의를 시작하겠습니다. 설문지처럼 보일지도 모르지만 이것은 여러분이 다른 사람들에게 피드백을 주는 방식과 기술을 수치화하는 일종의 평가목록입니다. 이것은 일차적으로 직장에서 어떻게 피드백을 주느냐에 초점이 맞춰져 있지만 다음 강의에서는 가정에서 피드백을 주는 방법에 대해서도 다룰 것입니다. 직장에서 피드백을 주는 능력과 가정에서 피드백을 주는 능력은 서로 밀접히 연관되어 있을 뿐만 아니라 똑같이 중요하기 때문입니다."

강사는 질문지를 각 팀장에게 나눠주면서 설명했다.

"이걸 테스트라고 생각하지 마세요. 강조하지만 이건 테스트가 아닙니다. 누구에게나 강점과 약점이 있어요. 약점의 파괴력을 줄이려면 먼저 약점이 무엇인지 파악해야 하겠죠? 그래서 이 도구가 필요합니다. 이걸 다 하시고 점수를 매기고 나면 어느 부분이 향상되어야 하는지 보일 겁니다. 또한 약점만큼이나 중요한 자신의 강점이 무엇인지도 알게 될 겁니다."

질문지에는 피드백의 10가지 요소에 대한 문항이 있었다. 20분쯤 후 팀장들은 다음의 항목에 대한 자신의 강점과 약점을 보여주는 그래프를 완성했다.

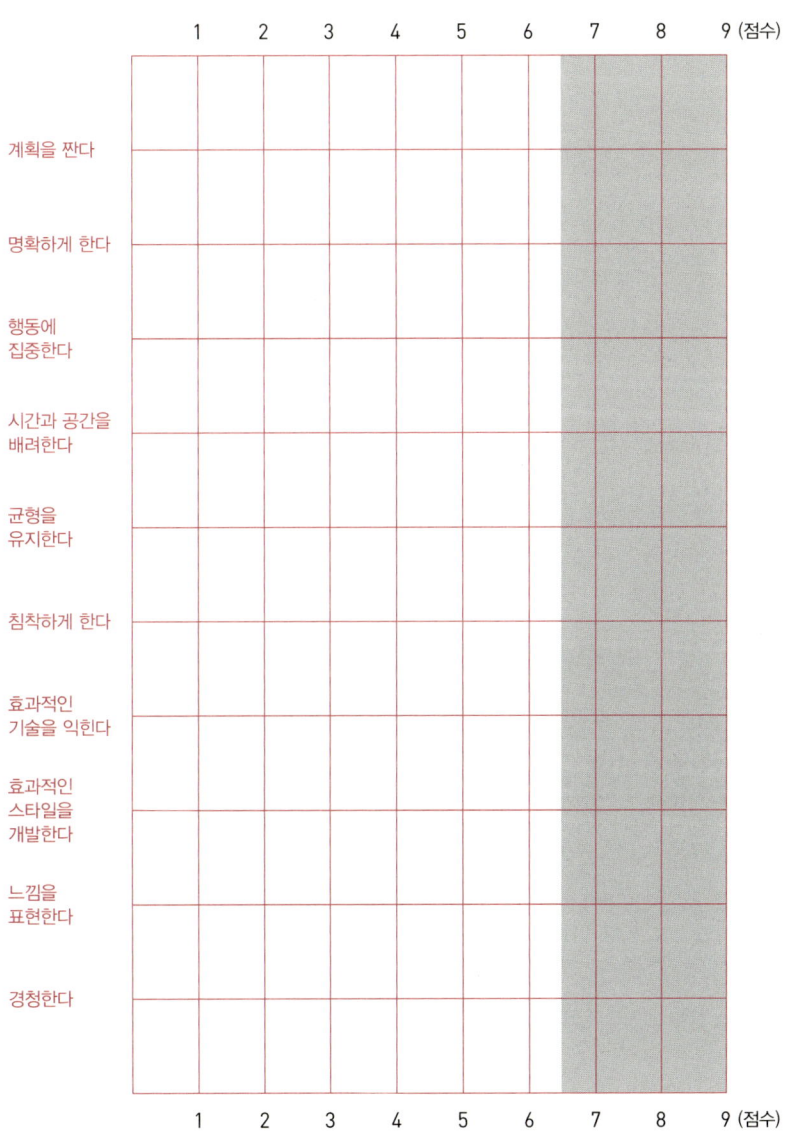

1. 계획을 짠다.

2. 명확하게 한다.

3. 행동에 집중한다.

4. 시간과 공간을 배려한다.

5. 균형을 유지한다.

6. 침착하게 한다.

7. 효과적인 기술을 익힌다.

8. 효과적인 스타일을 개발한다.

9. 느낌을 표현한다.

10. 경청한다.

채점을 먼저 끝낸 팀장들은 서로 점수를 비교해보았다. 그래프는 각자의 피드백 능력을 여과 없이 보여주고 있었다. 모든 사람들이 채점을 끝마치자 강사가 주의를 환기시키며 말을 이어나가기 시작했다.

"여러분 모두 자신의 피드백 능력을 확인했으니 이제 10가지 요소를 하나씩 살펴보도록 하죠."

피드백의 10가지 요소를 찾아서

강사는 서류뭉치를 집어 들고 잠시 바라본 후 말문을 열었다.

"10가지 요소는 피드백을 포괄적으로 파악할 수 있도록 고안된 것입니다. 앞으로 있을 강의시간에 각각의 요소에 대해 보다 자세하게 알아볼 예정입니다. 오늘은 일단 각 요소를 짧게 설명하고 넘어갈 테니 각자 본인의 질문지를 보면서 따라와주시기 바랍니다. 메모를 하셔도 좋고요. 그럼 10가지 요소가 나열되어 있는 페이지를 봐주세요."

팀장들이 질문지를 펼치는 동안 강사는 잠시 말을 멈추었다. 모두 준비가 된 것을 확인하고 나서야 강사는 진행을 이어갔다.

"첫 번째 요소는 '계획을 짠다'입니다. 이것은 피드백을 주기 전에는 먼저 자신의 생각을 정리하고 확실한 예를 들면서 자신의 말을 전달해야 하며, 해답을 마음속에 생각하고 있으라는 뜻입니다. 이것은 또한 피드백을 받는 사람의 필요와 요구에 맞도록 유연하게 해야 한다는 뜻도 포함하고 있습니다.

두 번째 요소는 '명확하게 한다'인데, 이것은 실제로 무슨 일이 발생했는지 파악하고, 상대방이 여러분의 의도를 추측할 필요가 없도록 명확하게 이해할 수 있는 예를 들라는 것입니다.

세 번째 요소는 '행동에 집중한다'입니다. 효과적으로 피드백을 하려면 상대방의 성격이나 태도, 직책 등을 왈가왈부해서는 안 됩니다. 눈에 보이거나 평가될 수 있는 특정 행동에 초점을 맞추어야 합니다.

네 번째 요소는 '시간과 공간을 배려한다'인데요, 이것은 피드백이 얼마나 신속히, 그리고 어떤 장소에서 전달되느냐에 관한 겁니다. 피드백은 어떤 일이 발생하고 나서 가능한 신속히, 그리고 스트레스를 덜 받을 만한 상황에서 전달되어야 합니다. 절대 다른 사람들 앞에서 교정적 피드백을 주어서는 안 됩니다.

다섯 번째 요소는 '균형을 유지한다'입니다. 이것은 지지적 피드백과 교정적 피드백 사이의 균형을 말합니다. 앞으로 강의를 들으면서 알게 되겠지만, 대다수의 상사들은 교정적 피드백을 더 많이 줍니다. 이 요소는 현재 자신이 어떤 식으로 피드백을 하고 있는지를 평가하는 주요 척도이기도 합니다."

강사는 자신의 문서에서 눈을 떼고 회의실을 둘러보면서 물었다.

"지금까지 내용에 대해 질문 있으신가요?"

"저는 다섯 번째 요소에서 점수가 좋지 않은데, 문제가 있는 건가요?" 한 팀장이 물었다.

"너무 걱정하실 필요는 없어요." 강사가 충고했다.

"대체로 다 그렇습니다. 그게 바로 우리가 여기 모인 이유죠. 이 교육은 어떻게 하면 상대방에게 피드백을 더 잘 전달할 수 있는지, 그래서 전체의 능력을 키우는 방법을 깨치도록 고안된 것이니까요."

강사는 잠시 말을 멈추었다가 다시 시작했다.

"여섯 번째 요소는 '침착하게 한다'입니다. 피드백을 줄 때 감정적이 되거나 과잉 반응을 해서는 안 된다는 뜻입니다. 피드백을 객관적으로 침착하게 하는 것은 결코 쉽지 않아요. 그래서 더 중요합니다. 이때 지금 이곳에서 생긴 일에 대해서만 피드백을 해야지, 옛날 일까지 끄집어내서 따지고 들면 안 됩니다.

피드백의 일곱 번째 요소는 '효과적인 기술을 익힌다'는 것입니다. 이런 기술들에는 요점 말하기, 눈 마주치기, 중요한 한 가지 문제에만 집중하기 등이 있어요.

'효과적인 스타일을 개발한다'는 여덟 번째 요소인데요. 피드백을 전달할 때 자신에게 맞는 방식으로 접근하는 것을 말합니다. 자신만의 효과적인 스타일을 개발하려면 시간이 좀 걸립니다. 참고로 여기에는 상대방이 요청하지 않으면 먼저 충고하지 않는 것도 포함됩니다.

아홉 번째 요소는 '느낌을 표현한다'입니다. 자신의 느낌을 표현하는 것이 익숙하지 않은 사람들에게는 이 항목이 다소 어려울 것입니다. 앞으로 강의를 통해 알게 되겠지만 우리의 느낌은 아주 중요합니다. 이러한 느낌은 피드백 메시지와 같이 전달될 때 더욱 강력해지고 영향력도 커집니다.

마지막 열 번째 요소는 '경청한다'죠. 이것은 상대방으로 하여금 자신의 의견을 표현하게 하고, 그 사람의 의견을 잘 듣는 것입니다. 경청을 잘하는 사람은 상대방이 중요한 의견을 말할 수 있도록 열린 질문을 던지는 데도 능합니다."

강사는 앞에 놓인 테이블에 질문지를 내려놓고, 팀장들을 바라보며 장난스럽게 물었다.

"굉장히 많은 심리학 용어들이었죠? 점수를 보기 전에 반드시 이 10가지 요소들을 먼저 살펴봐야 해요. 그러지 않으면 아무 의미가 없거든요. 그럼 이제 점수를 볼까요?"

각 팀장들은 10가지 요소에 대한 자신의 점수를 질문지에 어둡게 표시된 '이상적 부분'과 비교해보았다. 자신의 점수가 의외라는 듯 눈을 크게 뜨는 사람도 있었고 다른 의견을 말하는 팀장들도 있었다. 강사가 덧붙여 말했다.

"이 항목들이 어떤 의미가 있는지는 다 이해하셨을 테고, 이제 실제로 여러분이 상대방에게 피드백을 줄 때 이 요소들을 어떻게 적용하는지 살펴보겠습니다."

강사는 자신의 왼쪽에 앉아 있는 금발에 곱슬머리인 팀장 쪽으로 걸음을 옮겼다. 강사는 팀장 앞에 멈추더니 "10가지 요소 가운데 어느 요소의 점수가 가장 좋은가요?"라고 물었다.

팀장은 질문지의 점수를 산출하기 위해 그린 자신의 그래프를 살펴보았다.

"두 번째 '명확하게 한다'와 네 번째 '시간과 공간을 배려한다'

의 점수가 거의 비슷한데요."

강사는 고개를 끄덕이고는 다시 물었다.

"이번에는 좀 더 정치적인 방법으로 질문해보겠습니다. 본인이 가장 많이 개선시킬 수 있는 요소는 뭔가요?"

팀장은 회의실 안의 동료들을 둘러본 후 씩 웃으며 대답했다.

"제가 무엇을 제일 못하냐는 거죠?"

킥킥대는 팀장들도 몇 명 있었지만, 사실 팀장들 모두 한두 가지 요소는 점수가 좋지 않았다. 강사는 미소를 지으며 대답했다.

"우리에게는 모두 제가 '개선의 기회', 즉 OFI opportunity for improvement라고 부르는 부분이 있습니다. OFI는 '어떤 부분을 조금만 개선하면 좀 더 능률적으로 나의 목적을 성취할 수 있을 텐데……'라고 생각되는 요소를 말합니다. 그럼 본인의 OFI 중 하나를 말씀해주시겠어요?"

팀장은 자신의 그래프를 다시 살펴보고는 대답했다.

"다섯 번째 '균형을 유지한다'의 점수가 가장 낮은데요."

"왜 지지적 피드백과 교정적 피드백의 균형을 잡는 것이 자신의 가장 큰 OFI라고 생각하시죠?"

팀장은 그래프로부터 눈을 떼고는 머리를 갸우뚱거리며 질문의 의미를 곰곰이 생각해보았다. 짧은 침묵 후에 그는 자신의 생각을 차근차근 표현했다.

"저는 그때그때 일을 처리하는 편입니다. 일이 끝나기로 되어 있는 시간까지 다 마무리되어야 직성이 풀리죠. 그런데 누군가 잘해서 일이 잘 끝나도 거기에 대해 고마워하는 걸 자꾸 잊어버립니다. 제가 그 부분을 별로 신경 쓰지 않기 때문인 것 같습니다."

강사는 팀장을 똑바로 쳐다보면서 물었다.

"그럼 만약 일이 기대했던 대로 마무리되지 않으면 어떻게 하시나요?"

"아마 그게 저의 문제인 것 같습니다. 제가 이 교육을 듣는 이유이기도 하고요. 저는 잘못된 점을 지적하는 데는 빠른데, 잘된 것을 칭찬하는 데는 별로 그렇지 않거든요. 그게 제가 '균형을 유지한다' 부분에서 좋은 점수를 받지 못한 이유가 아닐까요?"

"매우 세심한 분석을 하셨네요. 제 생각에도 본인에 대한 평가가 맞는 것 같습니다."

강사는 다시 회의실 앞쪽을 향해 걸어가서 피드백 요소에 대한 설명을 계속해나갔다.

"여러분 모두 자신의 그래프를 보시기 바랍니다. 가장 높은 점수를 받은 두 가지 요소에 동그라미를 치시고요, 자신의 OFI라고 생각되는 요소에는 네모 표시를 하세요. 효과적으로 피드백하는 방법을 배우는 동안 자신의 강점과 OFI가 뭔지 스스로 일깨우기 위해 오늘 한 이 평가 결과를 계속 떠올리시기 바랍니다."

강사는 질문이 없는지 확인하기 위해 말을 잠시 멈추고 좌중을 둘러보았다. "질문이 없으시면, 잠깐 쉰 다음 실제로 효과적인 피드백을 주는 방법에 대해 배우도록 하지요."

직장 내 수다도 피드백이라고?

팀장들이 휴식을 마치고 들어오자 강사가 말문을 열었다.

"피드백하는 법을 향상시키기 위해 할 것들을 설명하기 전에, 우선 여러분이 피드백과 관련해 반드시 알아야 할 다섯 가지를 짚고 넘어가겠습니다."

강사는 U자형 테이블의 왼쪽으로 걸어가 검은색 양복을 입은 팀장에게 다가갔다. 강사는 팀장에게 시선을 고정시킨 채 말했다.

"첫째, 사업상이든 개인적이든 대인관계의 질은 한 사람이 상대방에게 받는 피드백의 양과 질에 따라 달라집니다. 피드백이 좋지 않으면 서로의 관계도 나빠집니다. 피드백이 비판적이거나 학대적이라면 인간관계도 그렇게 됩니다. 하지만 지지하는 피드백을 주고받는다면 서로의 관계도 신뢰로 충만하겠죠."

그러고는 U자형 테이블의 구부러진 부분을 향해 한두 발자국 걸어가더니 베이지색 코트와 같은 색 스커트를 입은 여성 팀장 앞에 멈춰 섰다. 강사는 그 팀장을 향해 싱긋 웃고는 계속 설명했다.

"둘째, 회사의 임원들, 관리자들, 그리고 생산라인 감독관들조차 사교적인 언사가 피드백의 가장 중요한 부분 가운데 하나라는 사실을 깨닫지 못하는 경우가 많습니다. 한 시간만이라도 피드백을 거부당한 사람의 마음에 어떤 변화가 생기는지 스콧 씨가 증명하실 수 있을 겁니다. 직원에게 '좋은 아침입니다, 앤. 주말에 뭐 했어요?'라고 묻는 것도 굉장히 중요한 피드백입니다. 일반적으로 사람들이 전혀 무관하거나 쓸데없는 수다라고 생각하는 것들이 다른 사람들에게는 매우 중요한 피드백이 될 수 있습니다. 여러분의 직원, 동료, 그리고 집에 있는 가족들에게도 마찬가지고요."

강사는 U자형 테이블의 뒤쪽으로 걸어가서 이사의 바로 앞에 멈춰 섰다. 강사는 이사와 눈을 마주치고는 미소 지었다.

"셋째, 직원과 상사, 동료 또는 가족들과 시선을 맞추는 것도 상대방에게 전달하는 피드백의 일종입니다. 누군가와 눈을 마주치지 않는다는 것은 결과적으로 그 사람에게 피드백하기를 거절한다는 뜻입니다. 그건 곧 상대방에게 '당신은 내가 잠깐 눈을 마주칠 가치조차 없는 사람이야'라고 선언하는 것과 같습니다. 효과적인 피드백을 하려면 아주 짧은 순간이라도 반드시 상대방과 시선을 맞추어야 합니다."

이사에게서 시선을 거둔 강사는 테이블의 오른쪽으로 자리를 옮기더니 건장해 보이는 팀장 앞에 멈춰 섰다. 강사는 그 팀장을 바라보면서 네 번째 사항을 설명했다.

"피드백과 관련해 알아야 할 네 번째 사항은 어떤 사람들은 다른 사람들보다 더 많은 피드백을 요구한다는 것입니다. 이런 사람들을 흔히 '공주과high maintenance'라고 부르는데, 까탈스럽고 바라는 것도 많아서 우리에게 많은 시간을 요구하기 때문이죠. 대체로 이런 사람들에게는 피드백 주는 것 자체를 꺼리는 경우가 많습니다. 피드백을 주면 줄수록 상대방이 더 많은 피드백을 요구할 게 뻔하기 때문이죠. 하지만 공주과에게 피드백 주기를 거부한다면 상황은 악화될 뿐 개선되지 않는다는 걸 명심하세요."

강사는 이번에는 테이블 오른쪽으로 돌아 회의실 앞쪽으로 걸어갔다. 그러고는 스콧 앞에 멈춰서더니 그의 컵에 소다수를 조금 따라주었다.

"이제 우리의 관계가 얼마나 끈끈한지 시험해보겠습니다. 다섯 번째, 누군가에게 피드백을 주지 않는 것은 일종의 심리적인 징계입니다. 스콧 씨가 바로 이 사실에 대한 증인이죠.

스콧 씨는 피드백이 거부되었을 때 가해지는 정신적인 고통을 직접 체험했습니다. 피드백을 거부당했을 때의 끔찍함만큼이나, 피드백이 제대로 적용됐을 때는 아주 막강한 힘을 발휘합니다. 스콧 씨는 지난 수업에서 이 점을 제대로 느끼셨을 겁니다. 여러분도 스콧 씨가 지난 시간에 깨달은 것에 주목하시기 바랍니다. 그게 바로 피드백의 모든 것이니까요."

강사는 말을 멈추고 스콧에게 물었다.

"우리가 너무 스콧 씨를 놀리는 건가요, 아니면 이런 관심에 점점 익숙해지고 있나요?"

스콧은 미소를 지으며 대답했다.

"이 교육에서는 어쨌든 충분한 관심을 받는 것 같네요. 그런데 질문이 있습니다. 저는 '안녕하세요'와 같은 형식적인 인사나 눈을 마주치는 것이 별로 중요하다고 생각해본 적이 없거든요.

솔직히 말씀드리면, 저는 해야겠다고 생각하거나 인사하기 편할 때만 그렇게 합니다. 여기 계신 팀장들 모두 마찬가지일 거라 생각되는데, 우리 회사는 너무 바빠서 일부러 인사를 하는 건 대부분 생략하는 편입니다. 그런데 그런 것들이 왜 그렇게 중요한가요?"

강사는 컵에 물을 따라 한 모금 마신 후 대답했다.

"지금부터 제가 하는 이야기가 질문에 대한 답이 될 수 있을 것 같습니다. 몇 년 전에 저는 어느 제조회사의 사장이 겪는 문제를 상담한 적이 있습니다. 그 사장님은 자기에게 세 가지 고민거리가 있다고 말씀하셨어요. 첫 번째는 자신이 사장이 된 후 2년 동안 회사의 생산성이 14퍼센트나 떨어진 사실이었습니다.

두 번째는 직원들이 자기를 안 믿는 것 같다는 점이었습니다. 그 사장님 말로는 직원들이 자발적으로 정보를 알려주지도 않고, 그저 의심에 찬 눈빛으로 자신을 바라본다고 하더군요.

세 번째는 직원들이 사장을 존경하거나 팀워크가 좋아서라기보다는 사장을 두려워해서 억지로 일한다는 것이었습니다.

사장과 면담한 후 공장을 둘러보면서 저는 문제점의 원인을 일

부 알아낼 수 있었습니다. 우리는 복도나 생산라인에서 직원들과 자주 마주쳤는데요. 그 사장님은 제게 공장에 대해 설명하는 데 너무 열중한 나머지 자신에게 인사하거나 피드백을 받고 싶어서 자신을 쳐다보는 직원들을 모두 무시하고 지나갔습니다. 한 여직원이 '안녕하세요' 하고 인사할 때 사장이 대꾸도 없이 지나쳤는데, 저는 그 직원의 얼굴에 드러난 표정을 잊을 수가 없어요. 그 표정은 마치 '사장이 인사를 받게 하려면 도대체 내가 어떻게 해야 하는 거야!'라고 항변하는 것 같았거든요."

자신의 테이블에 몸을 기대면서 강사는 이야기를 계속해나갔다.

"그날 아침 그 사장은 줄잡아 12명의 직원을 무시하고 지나쳤습니다. 다시 말해 직원들과 접촉해서 피드백을 줄 기회를 12번이나 가졌는데도 오히려 사려 깊지 못하고, 무관심하고, 냉담하고, 어떤 면에서는 거만한 모습만 보여준 거죠.

그날 사무실로 돌아갔을 때, 그 사장님은 '직원들이 도대체 내게 뭘 바라는 건지 모르겠습니다. 절망적이에요'라고 한탄하더군요. 그래서 저는 그날 아침 일을 상기시켰습니다. 특히 그날 두 빌딩 사이의 복도에서 만났던 직원에 대해 물었죠. 그랬더니 그 사장님은 당황하면서 '어떤 직원 말입니까?' 하고 묻더군요. 그 사장님은 자신의 설명에 너무 집중한 나머지 우리 바로 앞을 지나가는 직원도 보지 못한 거죠."

강사는 물을 한 모금 더 마시더니 머리를 좌우로 살짝 흔들었다. 그러고는 다소 격앙된 듯한 목소리로 말을 이었다.

"그래서 저는 당시 목격한 그 직원의 표정과 거기에 드러난 감정을 이야기하고 나서 물었습니다. 만약 사장님께서 자신을 쳐다보지도 않고 인사도 받아주지 않는 사람 밑에서 일한다면, 사장님은 그 사람을 얼마나 신뢰할 수 있을까요? 생산성을 유지하거나 높이기 위해 노력할 마음이 생길까요? 그리고 그런 사람을 무서워하게 될까요, 아니면 존경하게 될까요?"

팀장들이 자신의 메시지를 되새길 수 있도록 잠시 말을 멈춘 후, 강사는 이야기를 마무리했다.

"그 사장님은 제 이야기의 요점이 뭔지는 이해했지만, 그 후 몇 개월에 걸쳐서 교육을 받은 후에야 비로소 직원들과 효과적으로 접촉할 수 있었습니다."

강사는 스콧을 똑바로 바라보았다.

"이제 흔히 말하는 '사교적인 언사'가 얼마나 중요한지 이해하실 수 있나요?"

아무 말도 하지 못한 채 스콧은 그저 고개만 끄덕였다.

집에서도 회사처럼 할 수 있다면?

강의는 계속 진행되었지만, 스콧은 집중하기 어려웠다. 그날 강사가 말한 많은 것들이 스콧의 정곡을 찔렀기 때문이다. 그는 이사가 지난번에 자신을 실험 대상으로 삼은 것에 비로소 고마움을 느꼈다. 직접 그 고통을 겪어보지 못했다면, 아마도 오늘 아침과 같은 통찰력을 얻지 못했을 것이다.

강의가 끝난 후 스콧은 강사에게 조심스럽게 다가갔다. 그는 강사에게 무언가 이야기해야만 할 것만 같았다. 강사가 테이블 위에 흩어진 강의 자료를 모아 가방에 넣는 모습을 바라보며 스콧이 말했다.

"강사님께서 말씀해주신 그 사장 이야기는 매우 인상적이었습니다. 인정하기는 싫지만, 저도 비슷한 잘못을 저지르고 있었습니다. 앞으로는 제가 직원들을 어떻게 대하는지 좀 더 신경 써야겠어요. 특히 강사님이 말한 '사교적 언사'에 관해서 말입니다."

강사는 자료를 정리하다 말고 스콧을 똑바로 쳐다보았다. 그러고는 가볍게 고개를 끄덕이고는 물었다.

"방금 회사에서는 더 잘하겠다고 말씀하셨는데, 댁에서는 얼마나 더 잘하실 수 있으세요?"

스콧은 강사의 질문에 충격을 받았다. 휘청거리는 몸을 겨우 추스른 그는 아무 대답도 하지 못하고 있다가 충격이 약간 가시자 주저하듯 강사에게 물었다.

"제가 집에서도 문제가 있다는 걸 어떻게 아셨어요?"

다시 강의 자료를 챙기기 시작하면서 강사가 대답했다.

"그냥 제가 아주 의심이 많다고 해두죠. 언젠가 한번 그 부분에 대해서도 같이 알아봐요. 가족분들과의 피드백에 대해서도 제가 도움을 드릴 수 있을 것 같거든요."

스콧은 강사의 말에 현기증을 느끼며 사무실로 돌아가야 했다.

03

스콧의 이야기

피드백 통이
말라버렸다면

"만약에 피드백 통에 구멍이 생기면
그 구멍은 영원히 메울 수 없는 건가요?"

"솔직히 정확한 답은 없어요.
하지만 몇 가지 기본적인 가이드라인은 드릴 수 있어요."

"다시 만나서 반갑습니다. 이 시간이 오기를 얼마나 기다렸는지 몰라요. 오늘이 피드백 교육과정 중에서 제가 가장 좋아하는 부분이거든요."

팀장들은 강사와의 세 번째 강의를 위해 다시 회의실에 모였다. 강사는 몇 가지 도구들을 회의실에 배치하기 위해 팀장들보다 일찍 도착해 있었다.

"오늘은 제가 알고 있는 중요한 교훈 가운데 하나를 배울 겁니다. 여기 모인 많은 분들이 오늘 토론할 보기 드문 비유를 몇 년 후에도 계속 사용하실 거라 장담합니다!"

구멍 뚫린 피드백 통

강사 앞에 있는 테이블에는 두 개의 플라스틱 통이 놓여 있었다. 강사는 그중에서 지름 25센티미터 정도의 작은 통을 집어 들었다. 그러고는 모든 사람들이 볼 수 있도록 통을 높게 들어 올렸다.

"이것은 제 피드백 통입니다."

몇몇은 어리둥절한 표정이었다. 강사가 말을 계속했다.

"이것은 제 마음속에 있어요. 다른 사람이 긍정적이거나 부정적인 피드백을 제게 줄 때마다 이 통 안에 들어가지요. 여러분 각자의 마음속에도 이런 피드백 통이 있습니다. 그리고 여러분에게 가는 피드백은 모두 각자의 통에 담기게 됩니다."

강사는 맨 앞줄에 놓인 의자들 쪽으로 몇 발자국 걸어갔다.

"문제는 우리의 통에는 구멍이 나 있다는 것입니다."

강사가 통을 기울이자 통의 바닥에 구멍이 숭숭 뚫려 있는 것이 보였다. 어떤 구멍은 매우 작았고 어떤 것들은 꽤 컸다.

강사는 테이블 쪽으로 다시 걸어가더니 물이 채워진 큰 통에 컵을 담갔다. 강사는 모두가 볼 수 있도록 한 손에는 컵을 들고 다른 한 손에는 피드백 통을 든 채 천천히 물을 피드백 통에 붓기 시작했다. 통의 바닥에 나 있는 구멍으로 물이 새기 시작했다.

"누군가 제게 피드백을 주면 그것은 제 통에 들어가고, 저는 제 나름대로의 방법으로 대응을 합니다."

강사는 계속 물을 부으며 설명했다.

"문제는 피드백이 새어나간다는 점입니다. 바닥의 구멍 때문이죠. 제가 계속 피드백을 받지 않는다면 제 통은 시간이 지날수록 점점 말라갈 것입니다."

피드백 통에 부은 물이 테이블 위의 큰 통으로 떨어지는 동안 강사는 잠시 말을 멈추었다. 그러고는 다시 한 번 통을 기울여 통이 비었다는 것을 보여주었다.

"저런, 다 비었네요. 이것이 바로 피드백 통의 핵심입니다."

통을 테이블 위에 다시 올려놓고 흘러내린 물방울을 닦은 후에 강사는 스콧을 쳐다보며 물었다. "스콧 씨의 통에는 구멍이 몇 개나 있나요?"

스콧은 겸연쩍은 듯 미소를 지었다.

"꽤 많이 있을 것 같습니다."

"아마도 그렇겠죠." 강사가 말했다.

"그 구멍들이 어떻게 생기게 되었을까요?"

잠시 생각한 후에 스콧이 대답했다. "아마 제가 뚫은 것도 몇 개 있을 것 같고, 다른 사람들도 몇 개 만들었겠죠."

강사는 고개를 끄덕였다. "대단한 통찰력이시네요."

스콧의 대답이 이어졌다.

"제 생각에는 몇 개월 전에 제가 부하직원 중 한 명의 통에 드릴로 구멍을 내놓은 것 같습니다."

"저런! 그 일에 대해 말씀해주실래요?"

스콧은 어깨를 으쓱하고는 이사의 눈치를 살짝 살피더니 조심스럽게 이야기를 시작했다.

"저희 부서에는 1년 전까지만 해도 최우수직원이었던 사람이 한 명 있습니다. 그런데 긍정적인 피드백으로 그 직원의 통을 채워주는 대신에 저는 그 직원을 내버려뒀습니다. 그 직원을 제가 얼마나 신뢰하는지, 그리고 제가 얼마나 그 직원에게 고마워하는지 본인도 잘 알 거라고 생각했기 때문이었죠. 지금 생각해보니 그 직원의 성과가 떨어진 건 통이 말라버려서였던 것 같습니다. 그러면 저는 비판적으로 대했고요. 아마도 그건 '비판적 피드백'이라고 불릴 것 같은데요, 그렇게 해도 그 직원의 성과는 반짝 오르고 말 뿐이었습니다. 그리고 얼마 안 있다 다시 떨어졌고요. 하지만 교육이 시작된 뒤로 저는 이 상황에 대한 책임이 제게도 있지 않을까 생각하기 시작했습니다."

강사는 스콧의 말에 공감한다는 듯 고개를 끄덕였다.

"스콧 씨가 방금 한 말을 모두 들으셨겠지요. 어쩌면 스콧 씨에게도 책임이 있을지 몰라요. 하지만 지금이라도 그 직원의 피드백 통에 긍정적인 피드백이 부어진다면 그분은 다시 유능한 직원이 되리라고 저는 믿습니다. 스콧 씨, 그걸 개별 과제로 드리려고 하는데, 괜찮으시겠죠?"

"이미 시작했습니다." 스콧은 강사의 제안을 흔쾌히 받아들였다.

피드백 통의 구멍을 메우는 방법

휴식시간을 마치고 수업이 다시 시작되었다. 강사가 말했다.

"오늘은 지금까지 계속 저만 이야기했네요. 이제 여러분도 방금 먹은 도넛 값을 하셔야죠? 지금부터 여기 모인 팀장님들이 각자의 생각을 말씀해주시기 바랍니다. 이제 여러분을 세 그룹으로 나누겠습니다. 각 팀은 제가 드리는 카드에 나와 있는 질문에 대해서 20분 동안 토의해주세요. 그리고 나서 각 팀에서 대표를 한 분씩 뽑아 논의 결과를 다른 두 팀에게 5분 동안 발표하도록 하겠습니다. 여기 과제물을 드리겠습니다."

각각의 그룹은 회의실 여기저기로 흩어져 주어진 과제에 관해 토론하기 시작했다. 20분 후 첫 번째 그룹의 대표가 발표하기 위해 일어났다.

"우리 팀은 '어떻게 해서 통에 구멍이 생기기 시작했을까요?'라는 질문을 받았습니다. 우리는 우선 자신의 통에 구멍이 있다는 것을 모두 인정했습니다. 어떤 구멍은 작은 바늘 구멍이고 어떤 것들은 아주 커다랗고요. 저희는 또한 구멍의 크기가 다소 유동적이라는 결론에 도달했습니다. 다시 말하면, 어떤 구멍들은 우리가 살아가는 동안 조금씩 크기가 변한다는 것이죠. 그럼 그 구멍들이 처음에 어떻게 생기게 되었는가 하는 질문에 대해 살펴보도록 하겠습니다."

첫 번째 그룹의 대표는 회의실 정면에 있는 화이트보드로 다가가 '내면적 요인'과 '외부적 요인'이라는 단어를 크게 쓴 후 사람들을 향해 돌아섰다.

"우리의 첫 번째 요점은 각각의 구멍이 내면적 요인들과 외부적 요인들에 의해 만들어진다는 것입니다. '내면적'이란 말 그대로 어떤 구멍들은 우리가 어떤 행동을 하거나 또는 제대로 하지 못했기 때문에 생긴다는 뜻이지요. 다시 말하면 우리가 우리의 통에 스스로 구멍을 뚫었다는 것인데요, 우리 팀 멤버 중 한 명은 자기 파괴적인 사람은 자신의 통에 구멍을 뚫는 데 모든 시간을 쏟아 붓는다고 지적했습니다."

화이트보드 위에 '내면적 요인'이라고 쓴 곳 옆에다 '우리 자신'이라고 쓴 후, '외부적 요인'이라고 쓴 단어를 가리켰다.

"우리 팀은 자신 외에 누가 우리 통에 구멍을 냈는지에 대해서도 활발한 토론을 벌였습니다. 다른 사람이 구멍 내는 것을 우리가 막을 수 있는지에 대해서는 시간이 모자라서 깊게 논의하지 못했지만, 제 개인적인 생각으로는 어느 정도는 가능할 것 같습니다."

'외부적 요인'이라는 단어 밑에 1, 2, 3, 4, 5라고 차례로 숫자를 적었다. "저희는 우리 통에 가장 많이 구멍을 낼 만한 다섯 부류의 사람들을 생각해보았습니다."

1번 옆에 '부모'라고 적었다.

"첫 번째 부류는 부모입니다. 우리 생각에는 사람이 어떤 식으로 양육되었는지가 아이가 자라면서 얼마나 많은 구멍을 갖게 되느냐 하는 것과 밀접한 연관이 있다고 봅니다."

다음으로 발표자는 '친구'라고 적었다.

"두 번째 부류는 친구입니다. 우리가 자랄 때나 어른이 되어서 어울리는 사람들이 우리의 구멍에도 큰 영향력을 갖고 있기 때문이죠."

그리고 3번 옆에는 '가족'이라고 적었다.

"세 번째는 가족인데, 가장 이상적인 가족이라도 형제 간의 라이벌 의식, 경쟁, 의견 불일치, 다툼이 생기고, 죽기 살기로 싸울 때도 있기 때문입니다. 통을 채우거나 비우는 데 배우자가 하는 역할에 대해서는 굳이 설명하지 않아도 아시리라 생각합니다."

"네 번째 근원지는 직장 상사입니다. 아까 스콧 씨가 말했듯이,

피드백 통에 구멍을 내는 근원

내면적 요인
1. 우리 자신

외부적 요인
1. 부모 2. 친구 3. 가족 4. 직장 상사 5. 직장 동료

음…… 뭐라고 하셨죠? 직원의 통에 드릴로 구멍을 냈다고 하셨나요? 그게 의도적이든 그렇지 않든, 팀장으로서 우리가 어떻게 행동하는가, 무슨 말을 하는가, 또는 무슨 말을 하지 않는가에 따라 우리 모두 직원들의 통에 구멍을 낼 수 있습니다.

우리는 다섯 번째 근원지를 같이 일하는 '직장 동료'라고 생각했습니다. 우리가 매일 의사소통하는 방법에는 여러 가지 형태의 피드백이 포함되어 있기 때문이죠. 그러한 대화의 질에 따라 새로운 구멍이 생길 수도 있고 아니면 오래된 구멍을 막을 수도 있고요. 여기까지가 저희가 토론한 내용입니다."

다음으로 두 번째 그룹의 대표가 발표하기 시작했다.

"우리는 두 가지 질문을 받았습니다. '자신의 통이 비었을 때 사람들은 어떻게 행동합니까?'와 '자신의 통이 비었다는 것을 어떻게 알게 됩니까?'였습니다. 우리가 가장 먼저 합의를 본 것은 사람들은 대부분 자신의 통이 비었다는 사실을 잘 의식하지 못한다는 것이었습니다. 대부분의 사람들은 피드백 통에 대해 이해하고 있지 않아서 깨닫지도 못하는 것 같아요. 게다가 이것은 어떤 느낌이나 감정의 영역입니다. 감정을 정확하게 집어낸다는 것은 쉽지 않은 일이거든요."

두 번째 그룹의 대표는 자신의 팀 멤버들을 바라보고는 다시 말을 이어갔다.

"우리는 이런 이야기도 했습니다. 자신의 통이 비었다는 것을 아는 사람들도 피드백을 요청하지 않을 가능성이 높다는 것입니다. 특히 남자라면 더욱 그럴 겁니다. 그런 데 연연하면 남자답지 못한 것 같거든요. 자신의 나약함을 드러내는 행동이라고 생각하죠. 일반적으로 말하듯이 여성이 사람들과 더 잘 어울린다는 게 맞는다면, 그리고 여성이 더 직관력이 있다면, 자신의 통이 비었다는 것은 여성분들이 더 잘 알 것 같습니다. 하지만 그게 정말 맞는지는 잘 모르겠습니다."

그러고는 메모를 보면서 다음과 같이 덧붙였다.

"우리 팀은 어떤 사람의 통에 피드백이 조금밖에 없거나 비었다는 것을 나타내는 몇 가지 징후를 생각해보았습니다. 앞서 발표한 팀이 정리를 잘하셨는데, 저희도 질 수는 없으니 저희 토론 내용을 한번 적어보겠습니다."

두 번째 그룹의 대표는 화이트보드로 다가가서 맨 위에 '빈 통'이라고 썼다.

그러고는 그 밑에 1, 2, 3, 4라고 적고 1번 옆에는 '낮은 생산성(성과)'이라고 적은 다음 설명을 시작했다.

"어떤 사람의 성과는 그 사람의 통에 남아 있는 피드백의 양과 직접적인 관련이 있다고 생각합니다. 이 말은 통이 비면 사람들이 일을 안 한다는 말이 아니라, 성과가 계속 유지되려면 최소한의 피드백이 통에 남아 있어야 한다는 뜻입니다."

그러고는 2번 옆에 '동료 직원들과의 불화'라고 적었다.

"이 의견을 들었을 때 제 눈이 번쩍 뜨이는 것 같았습니다. 저는 동료들과 잘 지내는 능력이 얼마만큼의 피드백을 받느냐와 상관이 있다고는 생각해본 적이 없었거든요. 우리 부서에는 지금 사이가 좋지 않은 직원이 두 명 있는데, 저 또한 그들의 피드백 통을 제대로 채워준 적이 없었습니다. 그래서 하는 말인데, 이제는 그 직원들을 못 본 체하는 대신 그 사람들이 제게서 좀 더 많은 피드백을 받도록 하고, 그걸 계기로 서로 잘 지내게 되는지 한번 지켜봐야 할 것 같습니다."

두 번째 그룹의 대표는 잠시 숨을 돌렸다가 말을 이었다. "저희가 내린 세 번째 결론은 '리더십 수준이 낮다'는 것입니다. 피드백 통이 빈 사람들은 주도권을 잡고 리더가 되기 어렵고, 잘해야 추종자에 머물 가능성이 높습니다. 리더십에 대한 다른 예로는 의사결정을 들 수 있습니다. 우리 회사에서는 직원들이 책임지고 의사결정을 하게 하는 방법에 대해 여러 차례 토론한 바 있습니다. 여기서도 피드백이 매우 중요한 역할을 합니다. 피드백 통이 꽉 찬 사람이라면 우리 회사가 그런 문화를 정착시키는 데 도움을 줄 것 같습니다."

이어서 대표는 4번 옆에 '보디랭귀지 신호'라고 적었다.

"우리가 마지막으로 도출한 항목은 보디랭귀지입니다. 우리 팀에 보디랭귀지의 귀재는 아무도 없습니다만, 보디랭귀지가 빈 피드백 통을 분명하게 나타내는 징표라는 데는 이견이 없었습니다.

> **피드백 통이 비었음을 보여주는 신호**
>
> 1. 낮은 생산성(성과)
> 2. 동료 직원들과의 불화
> 3. 낮은 리더십 수준
> 4. 보디랭귀지 신호

첫 수업에서 우리가 모두 스콧 씨를 쳐다보지도 않았을 때 저는 스콧 씨를 주의 깊게 관찰했는데, 그의 보디랭귀지를 보면 스콧 씨의 내면에 무슨 일이 일어나고 있는지 알 수 있었습니다. 자신의 마음에 들지 않는다는 뜻을 온몸으로 표현하고 있었거든요."

두 번째 그룹의 대표는 스콧을 잠시 쳐다본 후 계속 이야기했다.

"우리 회사는 모두 수익을 내는 데만 바빠서 다른 사람의 행동이 우리에게 무엇을 말하는지에 대해서는 별로 관심이 없습니다. 신호를 알아차리는 게 그리 어렵지도 않은데 말이죠. 그래서 저도 앞으로 사람들이 보디랭귀지를 통해 우리에게 무엇을 말하려고 하는지에 좀 더 관심을 기울일 생각입니다."

짧은 휴식을 가진 후, 세 번째 그룹의 대표가 나와 과제를 읽으면서 발표를 시작했다.

"우리가 받은 카드에는 '피드백 통에 난 구멍을 메우기 위해 무엇을 할 수 있을까요?'라는 질문이 적혀 있었습니다."

세 번째 그룹의 대표는 화이트보드로 걸어가면서 "앞의 두 팀이 화이트보드에 적었으니 저도 따라 적게 되네요. 가장 우수한 팀이 다른 팀들보다 못해 보이면 안 되지 않겠어요?"라고 능청스럽게 말했다.

"우리 팀은 구멍을 막을 수 있는 다섯 가지 방법을 생각해보았어요. 첫 번째는 '지적 능력 향상'인데요. 부하직원의 지적 능력을 향상시키는 데 상사가 할 수 있는 일은 무수히 많을 겁니다. 우리 팀은 이것이 우리 리스트의 첫 번째 항목이 되어야 한다고 생각했습니다. 여러분 중에 대니얼 골먼의 《EQ 감성지능》이란 책을 읽어보신 분이 있는지 모르겠는데요. 저는 이 책을 꼭 읽어보시라고 추천합니다. 개인적으로 감성지능이 리더나 부모의 선행조건이 되어야 한다고 생각합니다.

우리 리스트의 두 번째 항목은 '양질의 피드백 제공'입니다. 탁월한 피드백으로 구멍을 한두 개쯤은 막을 수 있다고 믿거든요. 세 번째 항목은 '성과에 대한 칭찬과 인정'입니다. 회사에 기여한 것에 대해 제때 적절한 칭찬과 인정을 받은 직원은 스스로에게 더 큰 자부심을 느끼리라 생각합니다. 그 자부심으로 구멍을 한두 개는 메울 수 있겠죠. 직원들의 성과를 인정하는 방법을 다룬 책은 많지만 우리가 실제로 직원들을 제대로 인정하고 있는지는 잘 모르겠어요.

> **피드백 통의 구멍을 메우는 방법**
>
> 1. 지적 능력 향상
> 2. 양질의 피드백 제공
> 3. 성과에 대한 칭찬과 인정
> 4. 업적 축하하기
> 5. 의사결정권 위임

우리가 논의한 네 번째 항목은 직원들의 '업적 축하하기'입니다. 팀장으로서 우리는 성과가 당연한 것이라는 생각에 젖어서 직원 개개인의 성취를 축하해줄 필요성을 잘 느끼지 못하죠. 하지만 반드시 해야 할 일입니다. 마지막으로 생각한 것은 '의사결정권 위임'입니다. 우리 생각에는 의사결정에 직원들을 참여시킨다면 직원들은 진행되는 일에 더 많이 관심을 갖게 되고, 그렇게 되면 직원들의 피드백 통에 있는 구멍에도 영향을 미칠 것이라고 생각합니다. 이상입니다."

세 번째 그룹의 대표는 자리로 돌아가서 앉으려다 말고 강사를 향해 물었다.

"아차, 한 가지 궁금한 게 있는데요. 우리가 토론하던 중에 나온 건데, 정확한 답을 모르겠어요. 만약에 피드백 통에 구멍이 생기게 되면 그 구멍은 영원히 메울 수 없는 건가요? 음, 그러니까 제 말은…… 통에 한번 구멍이 나면 계속 피드백이 새게 되는지 궁금하다는 거죠. 우리는 잘 모르겠더라고요."

강사가 의자를 회의실 앞으로 끌고 가서 앉았다. 처음에는 질문을 한 대표를, 그러고는 다른 몇 사람을 쳐다보며 물었다.

"그러니까 구멍을, 최고의 피드백이라는 반창고로 막고 나면 그 반창고가 얼마나 붙어 있을지 궁금한 거죠? 질문이 이게 맞나요?"

"네." 질문을 한 대표가 대답했다.

"많이 하는 질문이에요. 그리고 솔직히 정확한 답은 없어요. 왜냐하면 사람에 따라서, 구멍에 따라서, 그리고 상황에 따라서 조금씩 다르거든요. 하지만 몇 가지 기본적인 가이드라인을 드릴 수는 있어요. 기술적으로 보면, 한번 생긴 구멍은 반창고를 붙여도 시간이 지나면 다시 새게 되어 있어요. 아주 조금만 샐 수도 있고 아니면 반창고 전체가 떨어져나갈 수도 있죠. 반창고가 얼마나 오래 가느냐는 주어진 피드백의 질과 상대방이 그것을 얼마나 잘 받아들이느냐에 달려 있습니다. 그리고 당연한 말이지만, 작은 구멍에 반창고를 붙이는 게 큰 구멍을 막는 것보다는 훨씬 쉽죠. 도움이 좀 되었나요?"

세 번째 그룹의 대표가 고개를 끄덕였다.

"네, 제가 생각하고 있던 것과 비슷하네요. 작은 바늘 구멍에 반창고를 붙이면 영원히 붙어 있을 것 같지만, 큰 구멍은 반창고를 붙여도 좀 있으면 다시 샐 수 있다는 거죠. 이해가 됩니다."

"주의 깊게 고른 단어들로 지지적 피드백을 주면 구멍을 영원히 막을 수 있을까요? 그러면 좋겠지만, 아쉽게도 장담은 못하겠네요. 변수가 너무 많거든요. 하지만 오랜 경험에 비춰보았을 때, 만약 여러분이 이번 과정에서 배운 피드백의 원리를 꾸준히 연습한다면 잠재적으로 구멍을 최소화할 수 있는 반창고를 제공할 수는 있을 겁니다. 그건 제가 보장하죠."

누구의 피드백 통부터 채워야 할까?

강사는 토론 내용을 발표하고 의견을 제시해준 모든 사람들에게 감사의 뜻을 보냈다. 아울러 팀장들이 발표한 내용을 숙고해볼 것을 권했다. 몇 가지 추가 설명이 있은 뒤 수업은 끝났다. 사람들이 회의실을 나가는 동안 스콧이 강사에게 다가갔다.

"강의 덕분에 정말 많은 것을 배웁니다. 감사합니다."

스콧의 말에 미소를 지으면서 강사가 대답했다. "아. 지지적 피드백을 주셔서 감사합니다. 가끔은 제 피드백 통도 빌 때가 있거든요. 그건 그렇고, 요즘 사모님의 피드백 통은 어떤가요?"

곤혹스러워하며 스콧이 물었다. "제가 결혼한 걸 어떻게……"

"반지요." 강사가 눈으로 스콧의 손가락을 가리켰다.

스콧은 오른손으로 반지를 만지작거리기 시작했다. "강사님은 그냥 지나치는 것이 없군요. 그렇죠?"

스콧이 상심한 듯하자 강사가 해명했다.

"어떤 현명한 사람이 말하기를, 직장에서 유능한 리더들은 대개 집에서도 그렇다고 하더라고요. 스콧 씨는 직장에서 문제가 있으니까 집에서도 그럴 거라고 조심스럽게 추측했을 뿐이에요. 하나 더 추측한 것은 두 문제의 원인이 비슷하리라는 거죠."

그 순간 스콧의 머리에는 가족 사이에 있었던 유쾌하지 않은 일들이 스쳐 지나갔다. 스콧의 얼굴은 '아직 그 문제를 거론할 준비가 되어 있지 않습니다'라고 말하고 있었다.

스콧의 표정이 변한 것을 눈치 챈 강사는 짐짓 활기찬 목소리로 제안했다.

"그 문제에 대해 말씀하기 전에 먼저 사모님의 피드백 통을 채워보시지 그러세요? 그게 우리의 토론을 훨씬 간단하게 하고 제리 씨에게도 긍정적인 영향을 줄 것 같은데요."

"아내의 통을 채우는 것과 제리가 어떤 상관이 있나요?"

"한번 해보세요. 스콧 씨가 가정에서 피드백을 향상시킬 때 어떤 일이 일어날지 보면 아마 놀라실 거예요."

강사가 장담했다.

"생각해보겠습니다." 스콧이 대답했다.

04

스콧의 이야기

신뢰로 나아가기 위한
첫 걸음

"스콧 씨, 그 직원과의 관계에 신뢰를 쌓기 위해
다음에 할 일이 무엇이라고 생각하세요?"

"계속 피드백을 주는 것이겠죠.
아니면 특별히 제가 해야 하는 무언가가 있나요?"

E-Mail

보낸 사람: 스콧〈Scott@acompany.com〉

받는 사람: Coach@consultingcompany.com

제목: 좋은 소식과 나쁜 소식

제가 말씀드리지 않은 것 같은데, 제게는 아내와 두 명의 아이가 있습니다. 열 살배기 딸과 여섯 살배기 아들이죠. 지난 번 강사님이 하신 말씀을 곰곰이 생각해봤습니다. 강사님의 지적이 맞습니다. 집에서도 문제가 있어요. 그래서 저는 먼저 아들의 피드백 통을 채워주기로 했습니다. 비어 있는 게 분명했으니까요. 첫날 저녁을 먹은 후 아들과 같이 앉아서 제가 얼마나 아들을 좋아

081

하는지 이야기해주었습니다. 그 녀석이 야구공을 잡는 방법이나 제가 잔디 깎는 것을 도와주는 것이며 장난치는 것, 그리고 그 녀석이 웃는 모습까지 제가 얼마나 좋아하는지에 대해서요. 그냥 그런 말을 했을 뿐인데 아들의 반응은 놀라웠습니다! 아들의 피드백 통을 채우는 데 몇 분밖에 안 걸렸지만, 그 녀석은 그날 저녁 내내 저를 졸졸 따라다녔습니다. 그리고 잠자리에서는 저더러 책을 읽어달라고 하더군요. 아기 때부터 책을 읽어주는 것은 아내 몫이었는데, 그날은 제가 하길 바라더라고요. 몇 마디 대화에 대한 반응치고는 대단했죠. 그 녀석이 그렇게 반응하니 제 기분도 너무 좋았습니다.

반면 아내하고는 잘되지 않습니다. 혹시 피드백 통에 구멍이 너무 많이 나서 무엇을 집어넣어도 잘 안 될 수도 있나요? 강사님이 말씀하신 대로 아내의 피드백 통을 채우려고 해봤는데 아무런 효과가 없었어요. 며칠 동안 한두 번 시도해보다가 안 돼서 지금은 거의 포기한 상태입니다. 아내가 눈치 챈 것이라고는, 아들이 자기 전에 제게 책을 읽어달라고 한 것뿐입니다. 무슨 아이디어 없을까요?

강사님이 주신 또 다른 숙제인 제리 건에 대해서도 노력하고 있습니다. 다음 시간에 발표하도록 하겠습니다.

E-Mail

보낸 사람: 강사〈Coach@consultingcompany.com〉

받는 사람: Scott@acompany.com

제목: 새로운 소식

메일 잘 받았습니다. 아드님의 이야기를 들으니 저도 기분이 좋네요. 여섯 살짜리 아들이라니 재미있는 일이 많으시겠어요. 피드백 통이 채워졌을 때 사람들이 얼마나 빨리 반응하는지에 대한 이야기는 별로 놀랍지 않습니다. 그런 경우는 아주 많거든요. 아드님도 마찬가지죠. 아주 조그만 긍정적인 노력만으로도 커다란 득을 봤으니까요. 계속 그렇게 해나가세요. 다만 명심해야 할 것이 있습니다. 아드님은 지난 몇 년간 아빠에게서 피드백을 받지 못했기 때문에 당분간은 꾸준히 피드백을 주셔야 할 거예요.

사모님의 반응도 그리 놀랍지는 않습니다. 두 분의 문제가 얼마나 오래되었느냐에 따라 문제를 해결하는 시간도 달라지거든요. 믿음을 갖고 솔직하게 툭 터놓고 대하세요. 과장하거나 비약하려고 하지 마시고요. 사모님의 통을 채울 수 있는 기회를 찾아보시고 설령 아드님과 같은 반응을 보이지 않더라도 화내거나 실망하지 마시기 바랍니다. 중요한 것은 노력한다는 데 있으니까요. 특히 스콧 씨가 아내에게 고마워하고 있으며, 아내의 어떤 점을 좋아하는지 알리기 위해 노력한다는 사실이 중요해요. 지지적 피드백은 강력한 도구입니다. 그것은 심각한 상처도 낫게 할 수 있어요. 물론 상황에 따라서는 시간이 좀 걸릴 수 있지만요.

제리 씨와의 문제에 대해서도 계속 노력하세요. 다음 시간에 스콧 씨가 발표할 내용을 기대하고 있겠습니다.

피드백의 4가지 유형

일주일 뒤, 팀장들은 회의실에 다시 모였다. 이사는 팀장들이 기꺼이 교육에 참여하고 다른 사람들을 대하는 방법을 배우는 데 열심인 것 같아 기뻤다. 그는 수업을 참관하면서 팀장들의 반응을 주의 깊게 살펴보았다. 실무에 바쁜 팀장들은 으레 외부 교육 프로그램을 시간 낭비라고 생각하며 불평하기 때문이다.

여기 모인 팀장들은 몇 년 전 회사의 규모를 줄일 때 살아남은 '가장 유능하고 똑똑한' 사람들이다. 이들은 지나칠 정도로 일을 많이 하는 초과달성자들이다. 그래서 시간 낭비라고 생각되면 어떤 것에든 비판적인 경향이 있다. 그런데 팀장들이 강의가 시작되기 전부터 강의 내용을 궁금해하는 것을 보니 이사는 기분이 좋을 수밖에 없었다.

"지난 시간에는……" 강사가 운을 뗐.

"우리가 받은 피드백이 어떻게 피드백 통으로 들어가는지에 대해 알아보았습니다. 세 그룹으로 나누어서 통에 난 구멍에 대해 설명을 하기도 하고, 구멍이 어떻게 생기는지, 그리고 어떻게 구멍을 막을 수 있는지에 대한 토론도 했습니다. 지난 일주일 동안 여러분 모두 우리가 토론한 내용에 대해 다시 한 번 생각해보았기를 바랍니다. 오늘은 대인관계 피드백의 네 가지 종류에 대해서 살펴보도록 하겠습니다."

강사는 화이트보드 위에 테이프로 붙여져 있던 종이를 떼어냈다. 그러자 커다란 원이 나타났다. 원의 가운데에는 피드백 통이 그려져 있었다.

"피드백 통이 원의 가운데에 놓여 있습니다. 긍정적이든 부정적이든, 모든 피드백은 피드백 통으로 들어가기 때문이죠. 정신적으로 건강한 사람들은 확실히 긍정적인 피드백을 선호합니다. 그렇지만 통이 비게 되면 사람들은 부정적인 피드백이라도 받아들입니다. 피드백 통이 비었을 때 받는 정신적 고통이 부정적인 피드백을 받을 때의 고통보다도 더 크기 때문이죠."

강사는 도형의 주변에 적혀 있는 단어들을 가리켰다.

"대인관계의 피드백에는 지지적, 교정적, 무의미한, 그리고 학대적 피드백이 있습니다. 나중에 각각의 종류에 대해 토론하고 중요한 것들은 직접 실험해볼 기회를 가질 겁니다. 지금은 우선 네 가지 종류에 대해 간단히 설명하고 넘어가겠습니다."

강사는 먼저 지지적 피드백을 가리키며 설명했다.

피드백의 4가지 유형

"지지적 피드백의 주 목적은 반복되기를 원하는 행동을 독려하는 것입니다. 다시 말해 어떤 사람이 여러분이 좋아하는 행동을 할 경우, 여러분이 할 수 있는 가장 중요한 일은 그 행동을 강화할 수 있도록 상대방의 피드백 통에 강력하고 지지적인 피드백을 넣어주는 것입니다. 여러분이 너무 바쁘거나 피드백을 줄 필요가 없다고 생각해서 피드백을 빠트리면, 그 사람은 그 행동을 반복하지 않을 수도 있습니다."

다음으로 강사는 '교정적 피드백'을 가리켰다.

"교정적 피드백의 목적은 행동을 변화시키는 데 있습니다. 간단하게 말하면, 어떤 사람의 행동이 바뀌어야 할 때 그렇게 만들기 위해 교정적 피드백을 줍니다. 문제는 대부분의 사람들이 어떻게 교정적 피드백을 줘야 하는지 모른다는 점입니다. 많은 사람이 학대적 피드백과 교정적 피드백의 차이를 구분하지 못합니다. 나중에 배우게 되겠지만, 훈련과 연습이 없이는 교정적 피드백을 주기 매우 어렵습니다. 잘못하면 질책하는 대화가 되기 쉽거든요."

"중요성이나 의미가 없거나, 상대방에게 거의 영향을 미치지 못하는 피드백도 있죠."

'무의미한 피드백' 영역을 가리키며 강사가 말했다.

"다른 종류의 피드백과 비교했을 때 이 피드백은 정말 아무 의미가 없습니다. 피드백 내용이 너무 막연하거나 일반적이어서 받는 사람조차 피드백의 목적이 무엇인지 파악하지 못하게 되는 경우, 이런 피드백을 무의미한 피드백이라고 합니다. 우스운 일이지만, 많은 사람이 무의미한 피드백을 주면서 상대방에게 엄청난 결과를 기대합니다. 스스로는 지지적 피드백을 했다고 생각하는 거죠. 사실은 전혀 아닌데 말이에요. 이런 피드백은 상대방에게 최소한의 반응밖에 불러일으키지 못합니다."

이어서 강사는 '학대적 피드백'을 가리켰다.

"그 외의 것들은 모두 네 번째 분류인 학대적 피드백에 들어갑니다."

강사는 잠시 말을 멈추고 회의실을 둘러보았다. 그러고는 팀장들이 자신의 말을 이해했는지 확인한 후 다시 설명하기 시작했다.

"다시 말하지만, 대인관계에서 다른 사람들에게 주는 피드백은 모두 지지적이거나, 교정적이거나, 무의미하거나 아니면 학대적입니다. 그리고 여러분이 선택하는 피드백의 종류에 따라 상대방의 반응이 결정됩니다."

회의실에 있는 몇몇 팀장들은 서로의 얼굴을 쳐다보다가 다시 강사에게로 시선을 옮겼다. 강사는 자신이 한 말의 중요성을 강조하기 위해 잠시 침묵을 지켰다. 팀장들은 대부분 강사의 말이 맞는다면 자신도 학대적 피드백을 하는 죄를 저지른 것이 분명하다고 생각했다. 몇몇 사람들은 이런 발상이 거북하다는 표정이었다.

아무도 침묵을 깨려 하지 않자 팀장 한 명이 손을 들었다.

"그러니까 강사님 말씀은 제가 누군가에게 화가 나서 '제대로 할 게 아니면 차라리 그만둬!'라고 말하는 게 실제로는 그 사람을 학대하는 것이라는 뜻인가요?"

강사는 질문한 팀장이 앉아 있는 쪽으로 걸음을 옮기면서 물었다.

"누군가에게 '제대로 할 게 아니면 차라리 그만둬!'라고 말할 때, 팀장님은 반복되기 바라는 행동을 지지하는 것인가요, 아니면 바뀌었으면 하는 어떤 행동을 고치려는 것인가요?"

자신이 실수했다고 느낀 팀장은 자신 없는 말투로 대답했다.

"어, 그러니까…… 저는 그저 나름대로 효과가 없는 무엇인가를 바로잡으려는 생각에서 그러는 건데요. 말하자면 '당신이 시정하든가 아니면 내가 어려운 결정을 내릴 수밖에 없다'고 말하려는, 사실은 이미 그런 식으로 말한 적도 있었지만, 그런 이유죠."

"교정적 피드백으로 행동을 변화시키려고 하는 상황처럼 들리네요."

"네, 맞아요."

"그러니까 다른 사람에게 '내 방식대로 하든가 아니면 길거리에 나앉게 될 거야'라고 하는 말이 행동을 교정하기 위해서였다는 거죠?"

"하지만 할 수 있는 것을 다 해보고 나서 유일하게 남은 방법이라곤 해고밖에 없을 때도 있지 않습니까?"

강사는 회의실을 둘러보며 말했다.

"할 수 있는 모든 것을 다 해봤다면 저도 그 말에 동의합니다. 여러분 중에는 이런 제가 이상하다고 생각하는 분들도 계실 겁니다. 어쩔 수 없는 상황에서는 선을 긋는 것이 필요해요. 그러지 않으면 나중에 감당할 수 없는 책임을 져야 할 수도 있으니까요. 선을 긋는 것에 대한 내용은 다른 시간에 다루기로 하고, 오늘은 이쯤 하죠."

제리는 혼자서도 알아서 잘할 거라는 착각

강사는 스콧을 향해 물었다.

"스콧 씨, 지난번에 실적이 떨어지는 직원에 대한 이야기를 해주셨죠. 제가 기억하기로는 스콧 씨가 그 직원의 통에 드릴로 구멍을 내놓았다고 스스로 평가하셨어요. 그래서 그 직원의 통을 채우기 위해 특별한 노력을 하시라고 숙제를 내드렸는데, 그 후 어떤 일이 벌어졌고 지금은 어떤 상황인지 말씀해주시지 않겠어요?"

몇 주 전의 스콧이었다면 팀 내부의 난처한 문제를 외부 사람에게 말하는 데 주저했을 것이다. 그러나 이제 스콧은 제리와의 문제에 대해 설명하는 것이 편하게 느껴질 만큼 이 모임을 신뢰하게 되었다. 자신이 처한 상황을 이해하는 지금, 스콧은 터놓고 솔직하게 말할 준비가 되어 있었다.

"여러분 모두 제리가 누군지 아실 겁니다. 그 친구는 핵심 영업사원 가운데 한 명이고, 우리 회사에서 6~7년 정도 일했습니다. 아주 오랫동안 그 친구는 최고의 직원이자 영업사원이었습니다. 실적도 좋았고 수익률도 높았고, 고객과 관련된 문제도 전혀 일으키지 않았습니다. 그 친구는 핵심고객을 끊임없이 만족시키는 방법에 대한 매뉴얼까지 만들 정도였습니다. 한마디로 완벽한 직원이었죠!"

스콧은 회상에 잠기며 말을 이어갔다.

"네, 완벽한 직원이죠. 문제는 이 완벽한 직원을 다루는 제 방법이었습니다. 그 친구가 잘해나갈수록 저는 그 친구를 점점 방치했습니다. 그 당시에는 제리가 하고 싶은 것을 마음껏 하도록 혼자 두는 것이 좋겠다고 생각했거든요. 그런데 그 친구를 그냥 내버려둔 것이 문제였습니다. 그 과정에서 제리가 가장 필요로 하는 피드백마저 차단해버렸기 때문입니다.

그러나 한 1년쯤 전부터 제리의 실적에 문제가 생기기 시작했습니다. 하룻밤에 그렇게 변한 것은 아니고, 몇 개월에 걸쳐 실적이 서서히 나빠졌습니다. 하지만 여러분도 이해하시겠지만, 제 직원들 중에는 실적이 심각하게 나쁜 사람들도 있어서 제 시간의 대부분은 그 직원들과 같이 일하는 데 보냅니다. 그게 제 시간을 가장 잘 활용하는 것이라 생각하기 때문이죠. 제리는 저를 그다지 필요로 하지 않았기 때문에 그 친구에게는 시간을 할애하지 않았죠."

강사가 스콧의 말에 덧붙여 말했다.

"실적이 떨어졌을 때 제리 씨가 보인 행동에 대해 이야기해주시죠."

"처음에는 아무 일도 일어나지 않았습니다. 하지만 지금 생각해보니 그 친구가 저를 찾아와서 고객에 대한 간단한 질문을 했던 적이 몇 번 있었던 것 같습니다. 그런데 저는 제리가 이미 답을 알고 있을 것이라 생각했죠. 몇 달 동안 그 친구는 그렇게 제

의견을 구했던 것 같습니다. 정확하게 그 친구가 뭐라고 했는지는 기억나지 않습니다만, 그때마다 제가 제리의 노력을 허사로 만들어버린 건 사실입니다."

"이젠 피드백에 대해 배우셨으니 그 당시에 제리가 실제로 어떤 질문을 했는지 이해하시나요?"

"지금 생각해보니 그 친구는 제게 고객에 대한 질문을 한 게 아닌 것 같아요. 오히려 '저를 봐주세요. 제게는 왜 관심을 갖지 않으시죠?'라고 말하고 싶었던 것 같습니다. 강의시간에 배운 표현대로 말하자면 제리는 '제 피드백 통을 채워주세요'라고 말했던 거죠."

강사는 스콧에게서 다른 사람들에게로 시선을 옮기며 말했다.

"방금 우리는 아주 중요한 원칙을 배웠습니다. 자, 모두들 이해하고 있는지 한번 확인해보죠. 방금 들은 이야기에서 스콧 씨가 부하직원인 제리 씨에 대해 진작에 알아차렸더라면 하는 경고 신호가 무엇이었죠?"

"실제로는 질문이 아닌 질문을 하는 사람들에게 주의를 기울여라. 자신을 주목해달라고 호소하는 것일지도 모른다는 사실입니다."

팀장들 중 하나가 대답했다. 그러자 다른 팀장이 덧붙였.

"우리가 잊지 말아야 할 것이 하나 더 있습니다. 직원들에게 피드백을 골고루 주지 않으면 제리 같은 직원이 생길 수 있다는 것

이죠."

"두 분 다 잘 말씀해주셨습니다." 강사가 말했다. 그리고 스콧에게 물었다.

"다시 제리 씨의 이야기로 돌아가죠. 제리 씨가 경고 신호를 보낸 시점이 스콧 씨가 피드백을 거부하기 전인가요, 도중인가요, 아니면 그 후인가요?"

"전, 도중, 그 후…… 잘 모르겠습니다만 제 생각에는 셋 다인 것 같습니다. 왜냐하면 제리에게 충분한 피드백을 준 적이 한 번도 없었거든요. 그 친구의 피드백 통이 조금씩 줄어들 때부터 시작해서 제가 그 친구를 주시하기 시작한 얼마 전까지도 도움을 청했던 것 같습니다."

"지난 몇 주 동안의 일에 대해서는 잠시 후에 듣도록 하겠습니다. 우선은 여러분 모두가 프로세스를 제대로 이해하는지부터 확인하고 싶습니다. 스콧 씨, 제리 씨의 실적이 떨어지기 시작한 게 스콧 씨가 피드백을 주지 않은 지 얼마 후부터인가요?"

"그러니까…… 아마 2, 3주 아니면 한 달, 두 달 정도? 그 이상은 아닌 것 같습니다."

강사는 웃으면서 설명을 계속했다.

"알려주셔서 감사합니다. 스콧 씨처럼 자신의 문제를 솔직히 털어놓기란 쉬운 일이 아니죠. 자, 이제 우리 모두 문제의 원인이 무엇이었는지는 알았습니다. 그렇다면 상황을 호전시키기 위해 스콧 씨는 어떻게 하셨나요?"

"우선 한 가지만 먼저 말씀드리겠습니다. 실제로 제가 무슨 일이 있어났는지 깨닫게 된 건 첫 두 주 동안의 강의시간에서였습니다. 처음에 저는 부인만 했던 것 같습니다. 아무리 봐도 다른 사람의 실적 문제인데 그게 제 책임일 리는 없다고 생각했거든요. 그런데 여기서 피드백의 중요성에 대해 이야기하면 할수록 문제의 원인에 제가 개입해 있다는 사실이 점점 더 명백해졌습니다. 부인할 수 없었죠."

"훌륭한 통찰력입니다, 스콧 씨. 이제 진행 상황에 대해 알려주세요."

"저는 요즘 매일 몇 분이라도 제리와 시간을 보내려고 했습니다. 어떤 때는 제 일정이 꽉 차서 힘들 때도 있었습니다만, 매일 적어도 5분에서 10분, 한두 번은 20분 정도 제리의 업무를 점검했습니다."

"지금까지 제리의 반응은 어땠나요?"

방 안의 모든 눈들이 스콧에게로 향해 있었다. 팀장들은 제리의 이야기에 관심이 많아 보였다. 스콧은 잠시 생각을 정리한 후 설명하기 시작했다.

"처음에 제리는 마치 제가 자신을 해고하기 위한 꼬투리를 찾는다고 생각한 것 같습니다. 갑자기 제 행동이 바뀌었으니까 그 친구는 최악의 상황을 가정한 거죠."

"제리 씨가 스콧 씨의 의도를 오해한 데는 스콧 씨와 제리 씨 사이의 불신이 얼마나 작용했을까요?"

"아마 전부 다일 것입니다." 스콧은 순순히 인정했다.

"그렇다면 대인관계에서 피드백이 거부되거나 결여되어 있다면 상호 신뢰에 무슨 일이 발생할까요?"

"제 경험으로 볼 때, 신뢰가 아예 사라질 것 같습니다."

"저도 그렇게 생각합니다. 그래서 지금은 어떻게 되어가나요?"

"시간이 좀 걸렸습니다만, 지난주쯤 되니 그 친구가 약간은 받아들이는 것 같았습니다."

신뢰를 쌓는 4단계

강사는 화이트보드 쪽으로 걸어가서 보드의 오른쪽에 '신뢰'라고 적었다. 그러더니 팀장들을 향해 물었다.

"우리가 방금 배운 사항에 대해 이야기해보죠. 어떤 사람이 다른 사람을 신뢰하기 전에 두 사람의 관계에 무엇이 필요할까요? 다시 말하면, 신뢰관계로 발전하기 위해서는 두 사람 사이에 어떤 일이 일어나야 하겠습니까?"

팀장들이 답을 생각하는 동안 회의실 안에는 침묵이 흘렀다. 결코 쉬운 문제가 아니었다. 여성 팀장 한 명이 마침내 침묵을 깨고 대답했다.

"두 사람이 신뢰하려면 먼저 서로 알거나 이해해야 하지 않을까요? 최소한 어느 정도는요."

강사는 미소를 지으면서 답했다. "맞아요. 이해가 선행되어야 하죠."

강사는 화이트보드의 가운데에 '이해'라고 적었다. 강사는 계속 말했다.

"'이해'가 '신뢰' 전에 옵니다. 하지만 '이해' 전에 오는 것이 하나 있고, '이해'와 '신뢰' 사이에도 하나 있습니다. 지금 우리는 효과적인 관계로 발전시키기 위해 반드시 알아야 할 4단계 과정에 대해 이야기하고 있습니다. 자, 생각해봅시다. 나머지 두 가지가 무엇일까요?"

이번에도 회의실 안에 고요한 적막이 흘렀다. 팀장들의 얼굴에는 당황한 기색이 역력했다.

결코 끝나지 않을 것 같은 침묵이 흐른 후에, 강사는 추가로 덧붙였다.

"여기 계신 분들은 무엇이 자신과 직원들 사이에 신뢰를 만드는지에 대해 생각해볼 기회가 없었던 것 같습니다. 누구나 신뢰 관계를 원합니다. 신뢰가 있다면 일이 더 잘될 것이라고 믿고 있고요. 때로는 신뢰에 의지하기도 합니다. 제가 전에 말씀드렸던 제조회사의 사장은 자신이 신뢰받지 못한다는 것을 알고 있었습니다. 그런데 그분은 그런 사실만 알아차렸지, 왜 그런지는 몰랐어요."

강사는 고개를 돌려 화이트보드를 쳐다보고는 말했다.

"그러니까 무엇인가가 '이해' 전에 생긴다는 것이지요. 그게 무엇일까요?"

"사람들이 우선 대화를 나누어야겠죠." 아까 대답한 여성이 약간 상기된 표정으로 말했다.

강사는 화이트보드로 향하더니 '이해'의 왼쪽에 '의사소통'이라고 적어놓았다.

"맞아요. 상대방을 이해하려면 먼저 의사소통이 이루어져야 합니다. 효과적으로 의사소통을 하지 않고는 신뢰는커녕 이해도 불가능해지죠."

강사는 '이해'와 '신뢰' 사이에 남아 있는 공간을 가리켰다.

"자, 이제 네 가지 요소 가운데 한 가지만 남았네요. 사람과 사람의 관계에서 서로 이해한 후에 무슨 일인가가 일어납니다. 진짜 신뢰로 발전하기 전에 발생하죠. 제가 여러분을 신뢰하기 전에 저는 아마도……"

강사는 문장을 끝내지 않고 답을 기다렸다. 아까 그 팀장이 불쑥 말했다. "존중입니다! 저는 제가 존중하지 않는 사람은 신뢰하지 않아요."

강사는 미소를 지으며 화이트보드로 몸을 돌렸다. 그리고 남은

> **효과적인 인간관계를 만드는 4단계**
>
> 의사소통 = 이해 = 존중 = 신뢰

공간에 '존중'이라고 적었다.

그러고는 보드에 적은 각 단어를 등호로 연결했다. 강사는 팀장들을 향해 돌아서서 그 모델이 무엇을 의미하는지 설명하기 시작했다.

"제조회사의 사장이 직원들의 신뢰를 얻기까지 몇 달이 걸렸다고 제가 말씀드렸죠. 그건 바로 직원들이 그 사장님을 신뢰하기 전에 우선 존중하도록 만들어야 했기 때문입니다. 존중하기 전에는 먼저 이해를 해야 하고요. 그리고 자신의 리더로서 사장을 이해하기 위해서는 사장과 효과적으로 의사소통을 해야 했습니다. 이 과정은 효과적인 의사소통으로 시작해서 회사 내의 신뢰도 증가로 끝을 맺었죠."

강사는 팀장들 쪽으로 몇 발자국 다가왔다.

"상대방에게 효과적으로 피드백을 주는 것은 가장 강력한 의사소통 수단 중의 하나입니다. 피드백 기술을 향상시킨다는 것은 인간관계에서 이해와 존중, 그리고 결론적으로 신뢰까지 쌓아가는 일련의 과정을 효과적으로 시작한다는 뜻입니다. 이러한 개념들이 얼마나 강력한지는 앞으로의 강의와 실제 업무에서 확인하실 수 있을 겁니다."

잘못을 인정하는 용기가 필요할 때

스콧이 다음 단계로 넘어갈 준비가 되었다고 판단한 강사는 스콧을 응시하면서 물었다.

"스콧 씨, 제리 씨 말인데요. 그 직원과의 관계에 신뢰를 쌓기 위해 다음에 할 일이 무엇이라고 생각하세요?"

"계속 피드백을 주는 것이겠죠."

스콧은 회의실을 둘러보았다. 몇몇 팀장들은 스콧이 무언가를 놓치고 있다는 듯한 표정을 지었다. 스콧이 물었다.

"아니면 특별히 제가 해야 하는 무언가가 있나요?"

"계속해서 지지적 피드백을 많이 줄 수도 있겠지만, 제 생각에는 지금까지 일어났던 일에 대해 스콧 씨가 어떻게 생각하는지 제리 씨도 알고 싶어 할 것 같은데요.

스콧 씨는 다른 식으로 제리 씨를 대했더라면 좋았을 거라고 분명히 인정하셨습니다. 그리고 앞으로 스콧 씨가 어떤 계획을 가지고 있는지 제리 씨도 확실히 알아야 합니다. 제가 한 말이 맞는다면, 다음 단계로 나아가기 위해 스콧 씨가 무엇을 해야 할까요?"

스콧은 강사가 무슨 대답을 듣고 싶어 하는지 짐작하지 못한 채 한동안 가만히 있었다. 마침내 스콧이 우물우물 답을 말하려고 할 때 스콧의 상사가 끼어들었다.

"강사님이 원하는 답이 무엇인지는 저도 잘 모르겠지만, 문득 제리가 사과 받고 싶어 할지도 모른다는 생각이 듭니다."

강사가 눈썹을 찡긋 올리며 물었다.

"사과라…… 어떻게 생각하세요, 스콧 씨?"

"으…… 그건 좀 부담스러운데요. 생각 좀 해봐야겠습니다."

스콧은 수첩을 내려다보면서 무언가를 적다가 지우고는 머리를 흔들었다. 제리에게 자신의 잘못을 인정하기 싫은 기색이 역력했다.

스콧은 항상 자신만만했다. 너무 자신감에 넘쳐서 실수조차 인정하기 싫어한다고 아내가 핀잔을 줄 정도였다. 스콧은 지금 자신의 태도가 바로 아내가 말한 문제일지도 모른다는 생각이 들었다.

강사는 스콧이 주저하는 것을 보고 좀 더 조심스럽게 제안했다.

"제리 씨와의 상황을 개선하기 위해 3단계 작업을 고려해볼 수 있어요. 이제 비판적 피드백은 하지 않고 지지적 피드백을 주기 시작했잖아요. 그게 바로 첫 두 단계입니다. 세 번째 단계는 무엇일 것 같으세요?"

"사과라고 하실 거 아닙니까?"

"말씀대로 그게 세 번째 단계이긴 해요. 하지만 스콧 씨 마음에 달렸죠. 새로운 시작을 위해서는 과거에 발생한 일을 직시하고 더 나은 행동으로 전진하는 게 최선일 때가 있어요. 사과하는 게 도움이 될 수도 있죠. 결정은 본인이 하는 겁니다. 한번 생각해보세요."

"나쁘다는 것은 아닙니다. 좋은 제안입니다. 다만 좀 더 생각을 해봐야 할 것 같습니다. 그뿐이에요."

"좋아요. 이 이야기는 여기까지 하죠."

스콧은 교육받는 내내 관심의 대상이 되어 좋았지만, 한편으로는 이렇게 이목이 집중되는 상황이 불편하기도 했다. 그는 원래 남들의 관심의 대상이 되는 것을 좋아하는 유형은 아니었다. 장기간 시선을 끄는 것은 더욱 싫었다. 그러나 자신이 이뤄낸 성과에 대해서는, 특히 자신이 생각하기에도 당연히 인정받아야 할 때는 남들이 칭찬하는 것을 즐겼다. 그리고 자신이 저지른 중대한 실수에 대해서는 그 벌을 달게 받으려고 했다. 그렇지만 회의실을 나갈 때까지도 스콧은 여전히 앞으로 제리에게 어떻게 해야 할지 결정하지 못했다.

그러나 사무실로 돌아와서 업무를 시작하기 전에 스콧은 결심을 굳혔다. 같이 강의를 듣는 동료 한 명이 "제리와의 미팅이 어떻게 될지 궁금해. 행운을 빌어!"라고 말해왔기 때문이다.

그제서야 스콧은 무엇을 해야 할지 깨달았다.

05

스콧의 이야기

진심을 담은 사과가
필요한 순간

"그런 면에서는 나도 최고의 팀장이나 남편, 아빠가 되지 못했어.
나도 똑같은 실수를 직장에서도 하고, 집에서도 했거든."

　강사와 팀장들과의 지난번 교육은 도전과제를 남긴 채 끝났다. 강의에 참석한 팀장들 모두가 스콧의 이야기에 관심을 보였다. 팀장들 대부분 제리와 일을 해보았고, 최소한 그가 회사 내에서 어떤 존재인지는 알고 있는 터여서 개인적·업무적 측면에서 스콧의 고민을 자신의 문제와 연관시킬 수 있었다. 그리고 공개적으로 인정하지는 않았지만, 팀장들 몇 명은 스콧과 비슷한 잘못을 저질렀기 때문에 스콧이 어떻게 문제를 풀어나갈지에 촉각을 곤두세우고 있었다.

　스콧은 지난 강의 이후로 며칠 동안 가까운 동료들로부터 많은 격려를 받았다. 어느 팀장은 다른 사람들 앞에서 자신의 실수를 인정한 스콧에게 존경을 표하는 이메일을 보내기도 했다.

"우리 회사처럼 경쟁이 심한 조직 안에서 나도 그렇게 솔직해질 수 있을지 장담할 수 없네요. 자신의 단점을 남에게 알리는 사람은 그리 흔하지 않으니까요. 그렇게 솔직할 수 있었던 팀장님의 용기가 존경스러워요."

스콧도 고마운 마음을 담아 답신을 보냈다.

"맞아요. 우리는 모두 경쟁에 물들어 있죠. 그게 무조건 안 좋은 것도 아니고요. 그런 경쟁력이 우리 회사를 더 강한 조직으로 만들었으니까요. 그렇지만 제리에 대해서는 마음이 안 좋아요. 나 때문에 최고의 직원이 집중력과 추진력을 잃어버렸으니까요. 그래서 강의시간에 배운 내용을 최대한 이용해서 빨리 제리를 제자리로 돌려놓아야겠다고 생각해요. 지금까지는 비교적 잘되고 있는 것 같아요. 격려해주셔서 고맙습니다."

고마움을 표현할 때를 놓친다면

그중에서도 스콧과 가깝게 일하는 팀장 한 명이 특히 제리의 이야기에 깊은 인상을 받았다. 강의를 들은 다음 날 그는 복도에서 스콧을 만나 물었다.

"제리의 상태가 점점 나빠지는 걸 이미 알고 있었어? 아니면 눈치 채지 못하는 사이에 문제가 그렇게 심각해진 거야?"

스콧은 이 질문을 어떻게 받아들여야 할지 몰라 당혹스러웠다. 그의 질문이 '무슨 일이 일어나는지도 모를 정도로 무심했어? 그렇게 따돌리면 상대방이 안 좋게 반응할 거라는 걸 몰랐어?'라고 묻는 것인지, 아니면 '제리의 성과가 서서히 안 좋아진 거야, 아니면 어느 날 갑자기 떨어진 거야?'라는 뜻인지 알 수 없었다.

가장 먼저 스치는 생각은 만약 똑같은 질문을 한 달 전에 받았다면 이 친한 동료에게 바로 맞받아쳤을지도 모른다는 것이었다. 스콧은 직장과 집에서 받는 스트레스가 많아서 스프링처럼 잔뜩 긴장된 상태였다.

스콧은 동료의 의도를 나름대로 짐작하고 대답했다.

"이런 문제가 생길 거라는 사실을 알아차렸어야 했다는 것은 알아. 그리고 내가 적절한 피드백을 주느냐 여부가 제리의 성과와 직결된다는 사실을 전혀 몰랐다는 것도 믿겨지지 않아. 문제가 생기면 그저 그 친구가 잘못하는 게 뭔지, 안 하는 것이 뭔지에만 신경 썼거든. 내가 그럴수록 그 친구의 실적은 점점 더 안 좋아지고, 그러니까 난 나대로 부정적인 면만 보게 되고…… 악순환의 연속이었지. 내가 부정적인 면만 보니까 제리의 실적은 더 안 좋아지고, 그러면 난 더 부정적인 면에 집중했지. 어이없지만 솔직히 난 문제가 커지는 걸 몰랐어."

친한 동료는 스콧을 너무 밀어붙인 것이 아닌가 싶어 스콧의 어깨에 손을 얹고는 살며시 다독였다.

"저기, 내가 자네를 비난한다고 생각하지 말았으면 좋겠어. 그런 건 결코 아냐. 사실은 나도 마찬가지거든. 내게도 똑같은 문제가 있어. 다른 게 있다면 상대가 직원이 아니라 아내라는 점이지. 정확하게 말하면 내 전 부인이지만."

친구는 대화를 마무리할 방법을 찾는 듯 잠시 발끝을 응시했다. 그러나 망설이면서 아무 말도 하지 못한 채 다시 스콧을 바라보았다. 친구의 얼굴에 나타난 아픔을 알아채고는 스콧이 말했다. "자네 가정에 문제가 있는 건 알았지만 정확하게 무슨 일인지는 몰랐어."

동료 팀장은 잠시 머뭇거리다가 말했다.

"지난 몇 주간 강의시간에 들었던 이야기들은 내게도 엄청난 충격이었어. 방금 전에 자네가 부정적인 면만 본다고 했잖아 사실 나도 전 부인에게 그렇게 대했거든. 인정하기는 정말 싫지만. 지난 14년 동안 난 그 사람이 잘못한 것에만 신경 썼어. 내가 싫어하는 걸 하면 그냥 넘어가지 않았지, 그것도 고약한 방법으로. 그 사람이 우리 아들이나 내게 한 모든 일에 대해 난 조금도 고마워하지 않았어. 자네가 말한 대로 부정적인 면만 봐서 그랬나 봐. 지금 와서 생각하니까 부정적인 피드백이 우리를 이혼까지 이르게 한 것 같아. 결혼상담사 두 명이 내가 무슨 일을 저지르는지 알려주려고 했는데 그땐 내가 못 알아들었지. 아내도 말하려고 했지만 내가 들으려고 하지 않았어. 내가 그런 태도로 일관했다는 걸 최근에 와서야 알게 됐어. 그래서 제리와 자네의 문제가 내게 중요한 거야. 내 개인적인 문제와 무관하지 않으니까. 나도 자네와 같은 처지라고 생각해. 정도가 다를 뿐이지."

스콧은 친구의 표정에 드러난 마음의 상처를 읽을 수 있었다. 그는 아직도 이혼의 아픔에서 헤어나지 못한 것이 분명했다. 동료가 자신의 성공을 바라는 것이 단순히 제리를 위해서가 아니라 다른 개인적인 이유에서라는 것도 알게 되었다.

"그런 면에서는 나도 최고의 팀장이나 남편, 최고의 아빠가 되지 못했어." 스콧이 조용히 털어놓았다.

"나도 똑같은 실수를 직장에서도 하고 집에서도 했거든. 이혼했다니 정말 유감이야. 아들이 열 살쯤 되지 않아? 걔는 어때?"

"얼마 있으면 열두 살이지. 우리집하고 엄마 집을 왔다갔다 하면서 지내. 지금은 애 엄마가 고등학교 동창과 재혼을 해서 아이에게 의붓아버지가 생겼어. 아이를 키우는 좋은 방법은 아니지. 만약 내가 부정적인 것만 보지 않고 아내에게 지지적 피드백을 좀 더 많이 줬더라면 이런 일은 생기지 않았을 텐데 하는 생각을 해……."

스콧은 친구의 인생에 남겨진 상처가 얼마나 깊은지 이해할 수 있었다. "유감이야. 그래도 우리가 피드백에 대해 배우는 게 좀

도움이 되지 않을까 하는데."

"아내하고의 문제를 해결하는 건 이미 늦었어. 하지만 우리 아들에게는 써볼 만하지. 아이까지 잃고 싶진 않으니까."

스콧은 자신도 집에서 달라지지 않으면 몇 년 후 이 친구처럼 될 수 있다는 것을 직감했다. 친구의 얼굴에 나타난 상처를 보며 스콧은 절대로 이혼까지 치닫는 상황은 만들지 않겠다고 결심을 굳혔다.

둘은 서로를 격려하며 헤어졌다. 하지만 스콧은 자신이 옳다고 믿었던 것이 결국 파국을 불렀다고 말하던 친구의 표정을 잊을 수 없었다. 수많은 문제가 눈앞에서 자신을 뚫어져라 쳐다보고 있는데 친구는 깨닫지 못하고 있다가 이제야 알아차린 것이다. 스콧의 예전 상사는 이런 상황을 '눈부신 섬광 효과^{blinding flash of the obvious}'라고 불렀다. 이는 지난 강의시간에 스콧에게 일어난 일이기도 했다.

제리와의 점심식사에서 깨달은 것들

다음 날 스콧은 한창 붐비는 사람들 사이에서 제리를 발견했다.
"이봐, 제리. 여기야!"
스콧이 미리 맡아둔 테이블에서 손을 흔들었다. 스콧은 고객을 접대하는 단골 음식점으로 제리를 부르고, 속 깊은 대화를 하기 위해 구석의 조용한 자리에서 기다리고 있었다.

"이렇게 나와줘서 고맙네, 제리. 소란스러운 사무실보다는 여기가 나을 것 같아서 굳이 나오라고 했네."

스콧이 점심식사를 제안했을 때 제리는 선선히 그러자고 했지만 속으로는 걱정스러웠다. 스콧이 점심을 먹자고 한 적은 지금까지 한 번도 없었다. 심지어 고객을 대접하는 자리에도 스콧은 제리를 데려가지 않았다.

제리는 스콧이 프로답고 성실한 상사지만 직원들과 허물없이 지내는 편은 아니라고 생각했다. 사실 몇 개월 전에는 스콧이 자신을 해고할까 봐 두려워하기도 했다. 그런데 지난 몇 주 동안 직원을 대하는 스콧의 태도가 눈에 띄게 변하기 시작했다. 제리는 갑자기 변한 스콧의 모습이 적이 혼란스러웠다. 오늘 점심시간에는 과연 스콧의 어떤 모습이 튀어나올까? 아주 작은 실수라도 반드시 짚고 넘어가는 예전의 스콧일지, 아니면 직원들에게 새삼스레 관심을 보이는 새로운 스콧일지⋯⋯ 제리로서는 섣불리 예측할 수 없었다.

"제리, 이곳에서 식사해본 적 있어?" 스콧이 물었다.

"나는 거래처 사람들이랑 몇 번 와봤는데, 꽤 괜찮더라고."

"여기에 이런 곳이 있는 줄 몰랐습니다. 아직 점심시간도 되지 않았는데 사람이 정말 많네요." 제리가 대답했다.

2~3년 전에 수강했던 관리자 양성코스에서 강사는 이런 말을 했다.

"음식은 항상 효과적이다!"

그때 강사는 중요한 의논을 할 경우 상대방을 편하게 하는 데는 음식이 가장 좋다고 강조했다. 먹음직스러운 음식은 사람들로 하여금 방어적인 자세를 허물고 상대방의 말을 경청하게 만드는 편안한 분위기를 조성한다. 스콧 또한 제리와 허심탄회한 대화를 나누는 데 음식이 한몫하기를 바라는 마음으로 이 자리를 마련했다.

제리를 기다리며 스콧은 할 이야기를 마음속으로 몇 번이나 연습해보았다. 하지만 막상 마주앉으니 어디서부터 시작해야 할지 막막했다. 지난 몇 주 동안 그는 가급적 제리를 비판하지 않고 긍정적인 면을 강조하고자 애썼다. 그 결과 미약하나마 변화의 조짐이 나타나기도 했다. 이제 그동안 자신이 한 행동에 대해 사과하고 보다 나은 관계를 모색할 시점이었다.

"제리, 할 이야기가 있는데 나에겐 굉장히 중요한 거야."

스콧은 주문을 한 후에 어디서부터 말을 시작해야 할지 몰라 주저하다가 어렵게 말문을 열었다.

"그동안 내가 자네나 우리 팀의 다른 직원들에게 유능한 상사가 되지 못한 것 같네. 나는 너무 비판적이었고 자네가 나를 필요로 할 때 시간도 내지 않았지. 자네가 내게 도움을 청할 때 종종 무시했다는 것도 알아. 그동안 내가 무슨 일을 저질렀는지 이제야 깨달았네. 그래서 지금은 좋은 리더가 되기 위해 많이 노력하고 있어."

제리는 아직까지 손에 들고 있던 메뉴판만 뚫어져라 쳐다보았다. 스콧에게 무슨 말을 해야 할지 몰라 눈을 마주치기가 부담스러웠다. 하지만 스콧이 방금 한 말에는 전적으로 동의했다. 그는 아무 말도 하지 않다가 "그거 좋네요"라고 짧게 대답했다.

어색한 침묵이 흐르자 스콧이 다시 말문을 열었다. "지난 몇 달간 어떤 생각을 했는지 말해줄 수 있겠나?"

이 질문에 대한 대답은 차고 넘칠 정도였다. 그러나 이 순간 어디까지 말해야 할지는 알 수 없었다. 제리는 어깨를 으쓱하고는 대답했다.

"제가 팀장님을 실망시켰다는 것도 알고, 실적이 저조했다는 것도 압니다. 하지만 회사도 제가 감당할 수 없는 일들에 대해 배려해주었다고는 생각하지 않습니다."

제리는 '회사'가 배려해주지 않았다고 말했지만, 스콧은 제리의 말에 숨은 뜻을 알았다. 제리에게 가혹하게 대한 건 스콧이었다. 이런 식으로 대화가 이어지다가는 죽도 밥도 안 되고 끝나버릴지도 모른다고 생각한 스콧은 긍정적인 자세로 제리가 계속 이야기할 수 있도록 해야 한다고 생각했다. 스콧은 몇 년 전에 배웠지만 한 번도 제대로 사용하지 않았던 질문법을 써보기로 했다.

"자네가 감당할 수 없는 일이라면, 예를 들어 어떤 거지?"

"그러니까…… 우선 제품 라인을 재정비하는 기간의 경우, 신제품 라인이 확립되기 전까지는 이전 제품의 판매가 줄었다가, 라인이 정비된 후부터 다시 판매가 늘어나기 시작하거든요. 지금이 바로 그런 때입니다. 최근에 판매가 줄어든 것도 몇몇 주요 제품들의 생산을 중단하고 새로운 시리즈로 대체했기 때문이죠. 인내심을 갖고 과민 반응을 보이지 않는다면 판매는 다시 늘어날 것입니다. 전에도 늘 그랬거든요."

제리의 말이 끊이지 않게 해야 한다고 생각한 스콧은 다시 질문했다.

"자네가 생각하기에 우리가 과민 반응을 보이는 것 같나?"

"네, 그렇습니다. 좀 느긋하게 기다릴 줄 알아야 해요. 지난번에 이런 일이 생겼을 때 판매가 다시 늘어나기까지 6개월 정도 걸렸습니다. 이번에 제품 라인을 재정비하고 이제 6개월쯤 지났으니까 우리가 조급해하지만 않는다면 신제품 라인의 판매는 금방 좋아질 겁니다. 저는 사실 우리가 터널을 거의 통과했다고 판단하고 있습니다."

"만약 우리가 기다리지 않는다면?" 스콧이 물었다.

제리는 이 문제에 대해 얼마나 더 파고들어야 할지 판단이 서지 않았지만, 계속 대답했다.

"제 생각에는 지금 영업사원들을 지나치게 압박하면, 그 부담이 고스란히 우리 핵심고객들에게 전달될 겁니다. 우리 회사의 신제품을 원하지도 않는 고객들에게 구입해달라고 계속 강요하다가는 연말에 가서 더 큰 문제가 발생할지도 모릅니다."

"얼마나 큰 문제?"

"정확하게 말하긴 어렵지만 적어도 제품 카테고리 별로 약 20퍼센트 정도 손실이 있을 것입니다."

'눈부신 섬광 효과.' 스콧은 또 한 번 눈을 뜬 기분이었다. 제리의 말이 맞았다. 제리가 자신이나 동료들보다도 상황이 어떻게 돌아가는지 더 잘 파악하고 있었다. 이것은 정말 유익한 정보다.

이제 스콧은 오늘 점심을 같이 먹자고 한 이유를 말할 때라고 느꼈다.

"잘 파악하고 있네, 제리. 정말 좋은 지적이야. 지금 말한 내용에 대해서는 내일 다시 논의해봄세. 이제 조금 전에 내가 한 말로 다시 돌아가서…… 지난해 내가 자네에게 얼마나 압력을 가한 것 같나?"

제리는 여전히 얼마나 솔직하게 말해야 할지 몰라 망설였다. 지금 마주앉은 사람이 새로운 스콧인 것 같기는 했지만 여전히 확신하지 못했다. 그래서 제리는 막연히 "정말 많았습니다"라고만 대답했다.

"내가 그렇게 압력을 가한 것에 대해 어떤 느낌이 들었지?"

"듣기 좋은 대답을 원하시는 건가요, 아니면 솔직한 대답을 원하시는 건가요?"

제리는 이렇게 묻는 자신이 내심 놀라웠다. 그는 식당에 들어서면서 스콧의 심기를 건드리지 말자고 다짐했다. 그 다짐을 지금 깨뜨린 걸까? 알 수 없었다.

"제리, 나는 지금 솔직한 답을 원해. 자네가 어떻게 생각했는지, 어떻게 느꼈는지 정확하게 말해주는 게 내겐 중요해."

"뭐, 좋진 않았죠. 이게 듣고 싶어 하시는 대답이라면요."

스콧은 차분히 설명하기 시작했다.

"나는 유능한 리더라면 듣고 싶은 말을 듣기보다는 정말 필요한 것을 들어야 한다고 생각해. 내가 자네 실적에 대해서 비판적이었던 건 아네. 때때로 내가 생각하기에도 심하다 싶게 빈정거리곤 했지. 비판적이거나 빈정거리지 않을 때는 자네가 내게 무엇을 원하는지에 대해 무관심했고."

그 순간 테이블 위로 어색한 침묵이 흘렀다. 다행스럽게 마침 주문한 식사가 나와서 둘 다 아무 말 없이 먹기 시작했다. 몇 분쯤 지난 후 스콧이 다시 말을 꺼냈다.

"내 스트레스를 자네에게 쏟아서 정말 미안하네. 지난 몇 년 동안 자네가 내 희망이었다는 점을 알아주었으면 해. 우리 팀 실적이 나빠질 때도 자네가 그 실적을 만회할 거라고 믿었지. 그런데 자네가 나를 가장 필요로 했을 때, 그러니까 제품 라인 변경 같은 일이 있을 때, 나는 절대 해서는 안 되는 방식으로 대응했어. 그

점에 대해 정말 미안하게 생각하네. 자네가 내 사과를 받아줬으면 좋겠어."

제리는 고개를 들어 스콧을 쳐다보고는 들고 있던 포크를 접시 위에 내려놓았다. 냅킨으로 입을 닦은 후 제리가 낮은 목소리로 말했다.

"제가 어떻게 느끼는지 상관 안 하실 줄 알았습니다."

"자네가 어떻게 느끼는지 신경 쓰이고말고. 비록 내가 자네를 대했던 방식은 그렇지 못했지만 말일세. 하나만 더 말해주겠나. 가장 최근에 회사를 옮기려고 생각한 건 언제였나?"

제리는 망설임 없이 바로 대답했다.

"가장 최근이요? 여기에 점심 먹으러 오면서도 생각했다고 하면 어떠시겠어요?"

제리는 이 말은 하지 말걸 하고 후회했다. 선을 넘어버린 것 같아 불안해지기 시작했다.

"나도 자네가 회사를 옮길까 봐 걱정했어. 자네가 회사에, 특히 우리 팀에 기여한 공로를 인정해주지 않은 점은 미안하네. 우리는 자네가 필요해. 특히 새 라인에 대한 판매가 막 불붙으려고 하는 이런 시점에 말이야. 앞으로 비판적인 면과 빈정대는 부분을 자제하겠다고 약속하겠네. 자네가 무엇을 필요로 하는지에 대해서도 더 관심을 갖고 대화도 자주 나누고. 자네의 실적이 좋고 일을 잘하고 있을 때는 내가 자네에게 말해줄 걸세. 그리고 만약 문제가 있다면, 그것도 알려주고. 하지만 이번에는 예전처럼 다그치지 않고 올바른 방법으로 할 거야. 어떤가?"

제리가 방금 들은 말은 평소에 스콧에게서 절대 들을 수 없을 거라고 생각했던 말이었다. 예전에 스콧이 언제 사과했는지 기억도 나지 않았다. 더욱이 이렇게 진심어린 사과는. 제리는 또한 자신이 잘할 때는 인정해주겠다고 한 것도 마음에 들었다. 그게 바로 제리가 상사에게 원했던 것이었다. 스콧이 물었을 때 제리는 명쾌하게 대답했다.

"어떠냐고요? 정말 최고입니다."

그들은 신제품 라인의 판매를 증진시키기 위한 아이디어에 대해 논의하면서 점심식사를 마쳤다. 스콧은 제리의 아이디어를 들으면서 꼼꼼히 메모했다. 그럼으로써 제리도 자신의 아이디어가 가치 있다고 느낄 것이라 생각했다.

사무실로 돌아오면서 스콧은 제리와의 점심시간을 되돌아보았다. 이제 그는 피드백의 원리를 적용하면 어떤 결과를 얻을 수 있는지 확실히 알 수 있었다. 스콧은 제리의 피드백 통이 상당히 채워진 것을 확인할 수 있었다. 기분이 좋아진 스콧이 중얼거렸다.

"다른 사람의 피드백 통을 채운다는 것은 정말 기분 좋은 일이군. 그리고 음식의 효과도 제법 괜찮은걸."

06

스콧의 이야기

여섯

다른 사람의
장점을 보는 연습

"부정적인 것에 초점을 맞추면 악순환만 계속될 뿐이에요."

"그게 바로 제 문제였던 거죠.
하면 할수록 비판할 만한 것을 더 많이 찾아냈거든요.
하지만 교육을 받은 후로는 부정적인 것에만 신경 쓰지 않도록 애썼고,
한편으로 기회가 될 때마다
아내의 피드백 통을 채우려는 노력도 했습니다."

"여보세요. 전화 받기 괜찮으신지 모르겠습니다. 잠깐 말씀 좀 드려도 될까요?"

스콧은 다음 강의시간까지 기다리기는 싫고, 이메일을 보내자니 자신의 감정을 전달하기 어려울 것 같아 강사에게 전화를 했다.

강사는 의자에 기대면서 느긋한 목소리로 대답했다.

"괜찮아요. 조금 있다가 비행기를 탈 거긴 하지만 아직 시간이 있네요. 드린 과제는 잘하고 계신가요?"

"안 그래도 그 이유로 전화드렸습니다. 강사님이 제안하신 세 가지를 제리에게 했습니다. 이미 들으신 대로 부정적 피드백은 줄였죠. 강사님이 학대적 피드백이라고 한 거 말입니다. 제리가 잘하는 면을 보려고 노력하면서 긍정적이고 지지적인 피드백을 늘렸습니다. 그리고 2주 전에는 제리와 점심을 먹으면서 지난 몇 개월 동안 제가 저지른 잘못에 대해 사과했습니다."

"와, 정말요? 그런 사과는 결코 쉬운 게 아닌데, 잘하셨어요. 제가 만나는 상사분들은 너무 자존심이 강해서 본인의 실수를 좀처럼 인정하지 못하는데, 정말 대단하세요. 점심은 어땠어요?"

"제리가 그동안 회사에 얼마나 많은 기여를 했는지 말해주었죠. 최대한 구체적으로요. 좋은 생각이었는지는 모르겠지만 제가 다른 문제를 해결하는 동안 제리를 등한시했던 건 실수였다고 인정했습니다. 제가 한 행동에 대해 사과를 했죠."

"제리 씨의 반응은 어떻던가요?"

"처음에는 그냥 가만히 있더라고요. 좀 놀란 것 같았습니다. 자기가 날 실망시킨 건 안다고 말하더니 좀 있으니까 솔직하게 털어놓기 시작했습니다."

"이제 스콧 씨는 학대적 피드백이 정보의 자유로운 흐름을 방해한다는 것을 아셨을 거예요. 올바른 결정을 내리기 위해 꼭 필요한 정보까지도요."

"네, 맞아요. 제가 사과하지 않았다면 전혀 알지 못했을 사실을 제리가 말해주었거든요."

문제사원에서 우수사원으로 바뀐 제리

"점심 미팅 이후에 제리 씨의 반응은 어땠어요?"

"꼭 누군가가 그 친구 머리 위로 마술봉을 흔들어놓은 것 같아요. 제리의 경우가 아니었다면, 저는 피드백 통만 채워지면 순식간에 전혀 다른 사람이 된다는 사실을 절대로 믿지 않았을 겁니다. 제리가 채 이 주일도 안 되어서 그렇게 변하는 걸 보고 정말 놀랐어요."

스콧은 자신이 두서없이 말하고 있다는 것을 알았지만 좀처럼 흥분을 가라앉히지 못했다.

"호호, 기분이 정말 좋으신 거 같아요. 제리 씨의 반응이 그렇게 긍정적이었다는 거죠?"

"와, 그럼요! 제가 본 변화는 '긍정적'이라는 말로는 다 표현하지 못할 정도예요."

"정말 잘되었네요, 스콧 씨. 무엇보다도 3단계를 다 밟아나가신 모습이 보기 좋습니다. 개선된 관계에 기뻐하실 만해요. 제리 씨가 정확하게 어떻게 변했나요?"

"제가 본 게 꿈일지도 모르겠지만, 비판하고 빈정대는 것을 그만둔 지 하루이틀 사이에 제리가 변하기 시작했다고 확신합니다. 이렇게 빨리 변화하는 것을 받아들이기 좀 민망할 정도였습니다."

"그러니까 제리 씨는 거의 즉시 나아졌다고 할 수 있네요. 그

뒤로는 어떻게 되었어요?"

"어, 그러니까…… 아까 말했듯이 제가 부정적 피드백을 그만두자마자 바로 좋아졌어요. 그리고 제가 긍정적 피드백을 늘리니까 훨씬 더 좋아졌고요. 강사님은 예상하셨겠지만요. 그래서 저는 제리에게 앞으로는 좀 더 신중하고 솔직하게 대하겠다고 약속했습니다."

"좋은 사람이라는 것을 보여주셨네요, 스콧 씨."

"자신이 책임져야 할 상황을 피하지 않는 것이 아주 중요하다는 것을 알게 되었습니다. 그래서 제리에게 미안하다는 말도 할 수 있었죠. 그러니까 제리도 바로 솔직하게 우리 생산 라인과 관련해 다른 누구도 생각할 수 없는 사안을 말하기 시작했어요. 제리의 능력은 녹슨 게 아니었더군요. 우리 사업과 고객을 다루는 솜씨가 놀라운 친구였습니다."

스콧은 좀 진정하기는 했지만 여전히 흥분한 상태였다. 강사는 기쁜 듯 미소를 지었지만 전화를 하는 스콧이 알아차릴 리 없었다.

"문제를 가장 가까이서 겪는 사람이 가장 실질적인 해결책을 가지고 있다는 건 오래전에 검증된 비즈니스 원리죠. 스콧 씨가 이 원리를 다시 한 번 증명하신 셈이네요. 다른 숙제는 어떻게 돼 가나요?"

스콧은 잠시 강사가 말한 다른 숙제가 무엇이었나 생각했다.

그러고는 생각난 듯 "저희 집에서의 피드백 문제 말씀인가요? 좋은 소식도 있고 나쁜 소식도 있습니다"라고 말했다.

"어떻게 되었는데요?"

"좋은 소식부터 말씀드리죠. 제 아내에 관한 건데요. 회사에서 교육을 받기 전에는 제가 제리에게 했던 대로 아내에게도 비판적이었다는 것 기억하시죠? 저는 제가 싫어하는 것만 바로 알아차렸어요. 그리고 한번 신경 쓰기 시작하니까 점점 더 많이 보이더라고요."

"부정적인 것에 초점을 맞추면 악순환만 계속될 뿐이에요."

"저도 그런 말을 들은 적이 있습니다. 그리고 그게 바로 제 문제였던 거죠. 하면 할수록, 비판할 만한 것을 더 많이 찾아냈거든요. 하지만 교육을 받은 후로는 부정적인 것에만 신경 쓰지 않도록 애썼고, 한편으로 기회가 될 때마다 아내의 피드백 통을 채우려는 노력도 했습니다."

"처음 몇 주 동안은 사모님이 아무 반응도 안 보였다고 했던 것 같은데요."

"거의 그랬죠. 그런데 아주 천천히 아내가 자신의 생활에 저를 끌어들이기 시작했어요. 아주 많이는 아니지만 일단 시작은 좋은 것 같습니다. 아내와 새롭게 시작할 수 있게 해주셔서 고맙습니다."

격려의 피드백 vs. 학대적 피드백

"별 말씀을요. 제 역할은 까다로운 질문을 하는 것뿐이에요. 어려운 부분은 스콧 씨가 직접 하시잖아요. 생각한 것을 행동으로 옮기는 게 가장 어렵죠. 그래서 말인데, 사모님께 또 어떤 것을 하셔야 할 것 같으세요?"

"다른 거요? 글쎄요, 좋아지려면 제가 할 일이 많겠죠. 구체적으로 어떤 것 말씀이신가요?"

"제 생각에는 제리 씨에게 했던 것 가운데 하나를 사모님께도 하는 게 어떨까 싶은데요."

"사과 말씀이군요, 그렇죠?"

"맞아요. 제리 씨에게 했던 대로 댁에서도 3단계를 밟아가는 것이 어떠세요?"

스콧은 또다시 사과한다는 것이 쉬울지 아니면 더 어려울지 생각했다. 문득 지난번 복도에서 마주친 동료의 상처받은 표정이 떠올랐다. 그 친구는 '시간을 몇 년 전으로 돌려놓을 수만 있다면 그때와는 다르게 대할 텐데……' 하고 안타까워했다. 진즉 그랬다면 그 친구는 결혼생활을 계속할 수 있었을지도 모르지만, 이미 너무 늦어버렸다.

스콧에게도 사과하는 것은 쉬운 일이 아니었다. 하지만 그게 도움이 된다면 스콧은 기꺼이 할 생각이었다. 이미 첫 두 단계는 밟은 상태였다. 비난을 멈추고 지지적인 피드백을 더 많이 주기 시작했다. 마지막으로 남은 단계는 사과. 스콧에게 그런 생각들이 스쳐가는 동안 강사는 잠자코 기다려주었다. 강사는 스콧이 무언가 주저하고 있다는 것을 느꼈다. 이런 기회를 놓치고 싶지 않아 다시 질문했다.

"무언가 다른 문제가 있으시군요? 그게 뭔가요?"

"제가 사과해야 하는 것은 압니다. 사과할 거고요. 그냥 타이밍이 언제가 좋을까 생각하는 중입니다."

강사는 좀 더 밀어붙였다. "다른 게 또 있는 것 같은데요. 뭐가 걱정되는 건가요?"

스콧은 순간 망설이면서 전화기만 만지작거렸다. 이윽고 다시 수화기를 가까이 대고 말하기 시작했다.

"지난 한두 달 동안 아내하고는 관계가 좀 나아졌고 아들하고는 훨씬 좋아졌습니다. 그런데 딸은, 제게 시간을 전혀 내주지 않습니다. 제가 아는 것은 다 해보았습니다. 강사님이 가르쳐준 것도 모두요. 그런데 어떤 것도 통하지 않습니다. 딸아이가 내 눈앞에서 크고 있긴 한데 저는 꼭 멀리서 바라만 보는 방관자처럼 느껴집니다. 빠른 시일 내에 딸아이와의 관계를 해결하지 않으면 어느 날 갑자기 그 애가 제게서 영영 멀어져버릴 것 같아 불안합니다."

"제가 보기에 스콧 씨가 따님의 못마땅한 면만 보지는 않았을 것 같습니다. 피드백은 신중하게 주고 계신가요?"

"제가 할 수 있는 건 다 해보았습니다. 딸에게 지지적 피드백만 주었습니다. 비판적 피드백은 절대 안 하고요. 그런데 전혀 효과가 없어요. 그 애는 마치 제게 무슨 원한이라도 있는 것 같습니다. 다른 숙제들은 결과가 좋았는데, 정말 걱정입니다. 딸아이하고도 잘 지냈으면 좋겠는데요."

"스콧 씨, 따님에게 하셨던 피드백의 예를 들어봐주세요."

"오늘 아침에 딸아이가 학교 버스를 타려고 집을 나설 때, 저는 딸에게 예뻐 보인다고 말해주었습니다. 그리고 어젯밤에도 숙제를 하고 있기에 아빠가 생각하기에 너는 정말 똑똑한 것 같다고 말해주었습니다. 왜 그런 식의 칭찬 있잖아요."

"따님의 반응은 어땠나요?"

"무반응입니다. 아무것도 하지 않아요. 거의 저를 업신여기는 듯한 표정까지 짓더라고요. 그래서 더 걱정스럽습니다."

강사는 뭔가 신중히 생각하다 마침내 말문을 열었다.

"제가 몇 년 전 경험했던 일이 스콧 씨의 질문에 대한 대답이 될 수 있을 것 같은데요. 부디 오해하지 마시고 끝까지 들어주세요. 제가 예전에 어떤 회사에서 피드백에 대해 프레젠테이션할 때 한 여성을 만났습니다. 강의가 끝나고 다른 사람들이 다 나간 다음에도 그녀는 의자에 계속 멍하니 앉아 있었어요. 무언가 굉장히 큰 충격을 받은 표정이었어요. 저는 흩어진 자료들을 정리한 다음 그녀에게 가서 물었죠. '무슨 문제가 있으신가요?' 그랬더니 아무 대답도 안 하더라고요. 전 제가 말실수를 했거나 아니면 아마 다른 신경 쓸 일이 있나 보다 했죠. 전 조금 더 기다렸다가 회의실을 나가려고 했어요. 그때 갑자기 그녀가 '이제야 알겠어요'라고 말하는 거예요.

전 가던 길을 멈추고 물었죠. '무엇을 말인가요?'

그녀는 '그 사람이 내게 무슨 짓을 했는지 이제야 알았어요'라고 말했어요. 전 무슨 말을 하는지 도무지 모르겠더라고요. 그래서 '누가 당신한테 무슨 짓을 했는데요?'라고 물었죠.

그녀는 몇 분이 지나서야 겨우 터놓고 말하기 시작했는데, 정말 믿기지 않을 정도로 끔찍한 이야기였어요. 그녀는 아버지가 자신의 이름을 제대로 불러준 기억이 전혀 없대요. 아버지는 그녀를 '멍청이'라고 했대요. '멍청아, 이리 와봐' 아니면 '야, 멍청이! 이거 해' 아니면 '저거 해!'

그녀는 어린 시절에 아버지로부터 학대적 피드백을 너무 많이 받아서 그녀 자신조차도 자신이 다른 사람들에 비해 지능적으로 떨어진다고 믿었던 거예요. '나는 멍청해'라는 생각은 인생의 모든 면에 영향을 미쳤어요. 그런 생각은 결국 그녀에게 사회생활에 대한 불안감을 갖게 했죠. 그녀가 걷는 모습이나 옷 입는 스타일, 그리고 자신을 가꾸는 면면에 그녀가 받은 학대의 흔적이 뚜렷하게 나타나 있었어요.

그런데 교육시간에 어떤 피드백이 자주 반복되면 그게 사실이든 아니든 결국 그걸 믿게 된다는 말을 듣고 나서 비로소 깨달았던 거죠. 집안에서 아버지는 절대적인 존재인데, 그런 아버지로부터 집요하게 학대적 피드백을 받았으니 그대로 믿을 수밖에요. 그녀가 제게 '친구들 앞에서 아버지에게 '멍청이'라고 불리는 기분이 어떤지 아세요?'라고 물었을 때 그녀의 고통스러운 감정을 느낄 수 있었어요."

스콧은 강사의 이야기가 자신하고 무슨 관련이 있다는 건지 조금 짜증스러웠다.

"제가 딸에게 그런 짓을 했다고 말하시는 건 아니죠?"

"아뇨, 아뇨, 스콧 씨. 그런 뜻은 절대 아니에요. 하지만 이 이야기를 통해 우리가 배울 수 있는 피드백의 원리가 있어요. 그리고 스콧 씨가 따님에게 피드백을 줄 때 그것을 고려하셨으면 해요. 지금 따님과의 관계를 보면 피드백을 줌으로써 독려할 수 있는 게 세 가지가 있어요. 첫째는 따님의 생김새, 즉 외모고요. 두 번째는 따님이 하는 일, 즉 행동이고요. 마지막은 따님이 어떤 사람인지, 다시 말하면 겉모습 아래 숨겨져 있는 내면의 인격을 말하는 것이죠."

강사는 스콧이 기분을 가라앉혔는지 잠시 가늠해본 후 말을 이었다.

"만약 스콧 씨가 아버지라는 위치에서 따님의 생김새를 주로 칭찬한다면 따님은 사람들, 특히 남자들이 자신을 좋아하게 하려면 반드시 예뻐야 한다고 믿으면서 자라게 될 거예요. 하지만 따님이 나이가 들수록 예쁘다는 말만 해주기는 점점 더 어려워지겠죠. 두 번째로 만약 스콧 씨가 따님의 행동에 초점을 두면, 따님은 사람들의 인정을 받으려면 반드시 그런 행동을 해야 한다고 믿으면서 자라게 될 거예요. 그 결과 여러 사람들을 즐겁게 해주는 사람이 될 수도 있겠죠.

외모나 행동을 칭찬하는 것도 모두 좋아요. 인격체로서 어떤 사람이 되는가 하는 세 번째 유형의 피드백과 균형을 이룬다면 말이죠. 다시 말하면, 따님에게 예뻐야 한다거나 올바른 행동을 해야 한다고 말해주는 것도 중요해요. 그렇지만 스콧 씨가 따님을 무척 사랑하며, 따님을 한 인격체로 대하고 있다는 점을 알려주는 것도 똑같이 중요하다는 거죠. 그러면 따님은 자기 내면에 있는 인격이 좋은 사람이고, 스스로를 자신과 다른 사람들에게 가치 있는 사람이라고 믿게 될 거예요."

"그러니까 그 여자분의 아버지가 '멍청아'라고 부른 것은 그 여자분의 인격 자체를 공격한 것이라는 말씀이군요. 긍정적인 말로 독려했어야 하는데 말이죠."

이제야 스콧은 강사의 말이 이해되었다.

"맞아요, 스콧 씨. 스콧 씨가 따님의 어떤 모습을 좋아하고 따님의 어떤 행동이 아버지를 기쁘게 하는지 알려주는 것은 물론,

따님의 인격 자체를 자랑스러워한다는 것을 납득시키는 것이 굉장히 중요해요. 세 가지 모두 스콧 씨가 제공해야 할 중요한 격려성 피드백입니다."

잠깐 말을 멈추더니 강사가 다시 물었다. "지난 몇 주 동안 따님을 격려한 것은 세 가지 중 어떤 종류의 피드백이죠?"

"음…… 그 애의 행동과 외모에 대한 것이 조금 있었습니다. 그렇지만 인격에 대해서는 아무것도 하지 않은 것 같네요."

"그럼 앞으로 몇 주간 따님에게 격려하는 피드백을 줄 때 어떤 면을 변화시켜야 할까요?"

"세 가지 종류를 균형 있게 해야겠죠."

"맞아요. 스콧 씨의 말 한 마디 한 마디가 진실되게 느껴지도록 하세요. 따님의 관심을 끌기 위해서 거짓으로 말씀하시지 말고요. 특히 진정한 피드백을 거부당한 기억이 있는 사람에게는 마음에서 우러난 진심어린 말을 건네야 합니다. 그렇게 해보고 나서 따님이 어떻게 반응하는지 지켜보도록 하죠."

스콧은 강사가 통화를 끝낼까 봐 바로 질문을 던졌다.

"지금 하신 말씀이 딸아이를 위한 것이라면, 제 아들을 위한 건 없나요? 아들에게는 뭐가 필요할까요?"

"아들이건 딸이건 지지하고 격려하는 것은 거의 똑같습니다. 아들과 딸에 대한 피드백은 성별보다는 아이들의 관심사와 성격에 따라 달라지죠. 예를 들면, 많은 부모님이 아들은 공부와 운동을 잘해야 한다고 생각합니다. 그래서 운동이나 학교 성적에 대한 피드백을 많이 줘요. 이런 피드백이 쌓이면 결과적으로 남자아이들은 좋은 사람이 되기 위해서는 무엇을 하느냐가 중요하다고 믿게 되죠. 좋은 직업을 찾는 것이 잘못됐다는 것은 아니에요. 하지만 삶의 의미를 찾고 남들에게 인정받는 데는 야구나 수학을 잘하는 것만큼 인격체로서의 내가 누구인지가 중요하다는 것을 남자아이들도 알아야 해요. 만약 따님이 운동에 관심이 있다면 당연히 운동에 대한 피드백을 줘야죠.

형편이 곤궁해지고 주위의 압박이 심해질 때 비로소 그 사람의 진면목이 드러납니다. 그때 그 사람을 결정짓는 것이 바로 성격이에요. 아이들이 번듯한 일을 하도록 이끄는 것도 좋지만, 그보다 더 중요한 것은 비뚤어지지 않은 성격을 갖게 하는 것이에요. 바른 품성은 아이들이 살아가는 동안, 특히 스스로 결정을 내려야 하는 시점에 큰 도움이 될 거예요."

"한 번에 다 이해하기에는 너무 많은 내용이네요."

스콧이 말했다. "정말 좋은 말씀입니다. 제 아들과 딸이 올바른 성격을 가질 수 있도록 제가 도와줘야죠. 그런데 아내에게는 사과 말고 또 뭘 해야 할까요? 제가 해야 할 일이 더 있습니까?"

"좋은 질문이에요. 방금 전에 우리가 이야기했던 세 가지 격려의 피드백을 사모님께 드리는 것은 어떨까요? 직원이나 동료나 심지어는 상사들에게도 아이들에게 하는 것과 똑같은 피드백을 줄 수 있어요. 아, 이런! 이제 비행기 타러 가야겠네요. 숙제 잘하시고요, 어떻게 되어가는지 계속 알려주세요."

"그렇게 하지요. 그건 그렇고 아버지로부터 학대당한 그 여자분은 어떻게 되었죠?"

"그 이야기에는 아주 놀라운 결말이 기다리고 있어요. 비행기에서 시간이 조금 날 테니 그 이야기의 결말은 제가 이메일로 알려드리면 어떨까요?"

"고맙습니다. 강사님의 말씀이 정말 큰 도움이 됩니다. 출장 잘 다녀오세요."

"네, 그럴게요."

07

스콧의 이야기

일곱

칭찬과 격려가
바꾸는 것들

"저는 '잘하셨어요', '좋습니다' 같은 말들을
'무의미한 피드백'이라고 부릅니다.
지지적 피드백에서 느낄 수 있는 힘이 부족하기 때문이죠."

E-Mail

보낸 사람: 강사〈Coach@consultingcompany.com〉

받는 사람: Scott@acompany.com

제목: 제인 이야기

전에도 학대받은 사람들을 접해본 적은 있지만, 어렸을 때 그렇게 심한 학대를 당하고도 어른이 되어서 사회에 비교적 잘 적응한 사람은 그 여성이 처음이었어요. 편의를 위해 그분 이름을 '제인'이라고 하겠습니다. 제가 제인을 만나기 전에 그녀는 18륜 화물차 운전사였다고 해요. 장거리를 운전하다 보니 살이 쪄 있었고, 아주 거칠게 행동하는 데다 자신을 별로 가꾸지 않는 사람이었죠. 그렇지만 제인의 상사는 그녀가 가장 열심히 일하는 직원들 중 하나라고 했습니다. 그 덕분에 제인은 거친 행동이나 외모의 핸디캡을 극복하고 계속 직장에 다닐 수 있었어요.

그리고 제가 말했던 그 교육에 참가했고, 제인은 자신의 아버지가 한 말들이 상대방을 정신적으로 학대하는 피드백의 극단적 형태였다는 것을 깨달았죠. 제인은 자신이 사회의 주류에 끼지 못한 것이 아버지의 집요한 학대에 스스로 세뇌되었기 때문이라는 사실을 비로소 알게 된 거예요. 그래서 그날 회의실에서 '이제야 알겠어요'라고 말했던 거죠.

나중에 보니 그 회사의 직원들이 제인에게 별명을 하나 붙여주었더군요. 그녀의 거친 생김새와 행동 때문에 사람들은 제인을 '사고뭉치 the blooper'라고 불렀어요. 그런 류의 말들이 그녀에게 얼마나 상처가 되는지는 생각해보지도 않았겠죠. 실제로 제인은 제게 마음을 터놓은 후에 직장동료들의 놀림 때문에 몇 번이나 울 뻔했다고 고백했어요.

제인의 상사는 제가 다른 일로 그 회사에 1년 가까이 출입하는 동안 일주일에 한 번씩 그녀를 상담할 수 있도록 허락해주었습니다. 처음에 제인과 저는 아버지의 학대가 그녀의 행동이나 외모와 어떤 연관이 있는지에 대해 이야기했어요. 그러고는 그녀가 살면서 무엇을 꼭 하고 싶은지 어디에 가고 싶은지 등에 대해 이야기했죠. 저는 그녀가 자신의 일에 원대한 포부를 가지고 있다는 것에 놀랐어요. 하지만 그녀는 자신이 프로답게 보이고 행동하지 않으면 진급은 사실상 불가능하다는 것도 알고 있었습니다. 자신의 상황에 대해 꽤 현실적으로 판단하고 있던 거죠. 그리 좋은 상황은 아니었지만, 스스로를 발전시키고자 하는 의지가 워낙 강했기 때문에 저는 기꺼이 그녀를 돕기로 했습니다. 그런 열망이 없으면 발전하지 못하잖아요.

저는 제인이 예민하고 남을 잘 배려하는 사람이라는 것을 알았어요. 그녀는 정직하고 성실했으며 헌신적인 사람이었습니다. 내면적으로 그녀는 아주 호감이 가는 인물이었어요. 문제는 그녀의 겉모습과 행동이 내면의 인격을 깎아내린다는 점이었죠.

그래서 제인을 만나는 동안 저는 우리가 이야기했던 피드백의 원리를 적용해서 그녀가 어떤 사람이고 어떤 가치를 지니고 있는지 일깨우기 시작했습니다. 그리고 때에 따라서 적절히 교정적 피드백을 주었죠. 그녀는 지지적 피드백을 받으면 무척 좋아했습니다. 여태까지 받아본 적이 거의 없었으니까요. 그리고 교정적 피드백을 받으면 배우려고 정말 열심히 노력했어요.

첫 번째 성과는 그녀가 자신의 목표를 달성하기 위해서는 변화가 필요하다는 것을 인정한 점이었어요. 만약 지금과 같은 상태가 계속된다면 결국은 앞으로도 지금과 똑같은 삶을 사는 수밖에 없다는 것을 안 거죠. 그리고 현재의 상황이 자신이 바라던 삶은 아니라는 것도 인정했습니다. 다른 사람들에게는 별 일 아닌 것 같겠지만, 제인에게는 그렇게 인정하는 것 자체가 결정적인 돌파구 역할을 했습니다. 제 기억에 그런 정도로 발전하는 데도 한 3~4개월은 걸린 것 같아요.

서서히 저는 제인의 외모에 나타나는 작은 변화들을 감지할 수 있었어요. 살도 빼고, 헤어 스타일에도 좀 관심을 보이고, 옷도 훨씬 깨끗해졌고, 전만큼 인상을 많이 쓰지도 않았어요. 미묘한 변화들이었지만 시간이 지나면서 점점 더 뚜렷하게 나타나기 시작했죠. 조금이라도 나아지면 저는 지지적 피드백을 주는 한편 제인은 원래 좋은 사람이라는 점을 계속 강조했어요. 더 많은 피드백을 줄수록, 그녀는 더 많이 바뀌어갔어요.

제인을 만난 지 7~8개월쯤 지났을 무렵, 그녀는 뭔가 심각한 고민이 있는 표정을 하고 절 찾아왔어요. 할머니가 돌아가셔서 어머니께서 장례식에 정장을 입고 오라고 하셨대요. 그런데 제인은 장례식에 입고 갈 정장조차 없었던 거예요. 어머니께 함께 가달라고 하기는 싫은 것 같아서 제가 쇼핑몰에 같이 가서 옷을 골라주기로 했어요. 어느 날 퇴근 후에 만나서 괜찮아 보이는 옷을 몇 벌 고른 후에 나가려고 하는데 화장품 카운터에 있던 판촉사원 한 명이 신제품을 좀 보겠냐고 해서 한참 동안 구경도 했죠.

며칠 뒤에 그녀는 장례식에 참석했고, 그 후로도 매주 진행되는 우리 둘만의 수업은 계속되었습니다. 그런데 장례식이 끝나고 몇 달 후에 아주 놀라운 일이 벌어졌어요. 제인이 장례식에 입고 갔던 정장을 차려입고 회사에 온 거예요. 화장도 약간 하고 머리도 단정하게 빗고요.

그날 저는 그 회사에서 "오늘 '사고뭉치' 봤어? 꽤 근사하던데?"라고 수군거리는 사람을 열 명도 넘게 봤어요. 아쉬운 점이라면, 그동안 제인이 꾸준히 변화된 모습을 보여줬는데도 이전의 이미지를 연상시키는 오명은 계속 남아 있었다는 거죠. 어떤 직원들은 제인이 과거를 청산하고 새롭게 탈바꿈한 모습을 인정하지 않으려고 했어요.

제인의 변화는 몇 개월에 걸쳐 천천히 일어났어요. 먼저 지지적 피드백은 그녀가 스스로를 보는 관점을 바꿔놓았어요. 그런 다음 다른 사람들에게 보이는 모습도 변화시켰죠.

그 후 몇 주 동안 그녀의 외모에는 더 큰 변화가 일어났어요. 그녀가 받는 지지적 피드백이 증가하면 할수록 외모 또한 예뻐졌죠. 그리고 예뻐지는 것에 비례해서 사회적 행동도 나아지기 시작했고요. 피드백과 외모, 행동은 스스로에 대해 갖고 있는 자아상과 서로 연결되어 있거든요. 높아진 자부심이 내면을 충만하게 채웠고, 그 기쁨이 표정에 나타난 것이죠. 어떤 때는 제인이 회사에 들어오니까 사람들이 다 쳐다본 적도 있었어요. 외모가 깔끔해지면서 자신이 최우수사원 가운데 한 명이라는 기쁨과 만족도도 높아졌어요. 그때 경험을 되돌아보면 '멍청이'라고 부르던 아버지의 학대가 그녀 삶의 모든 면에 영향을 미친 게 분명해요. 하지만 다행히 제인은 과거에 얽매여 있으려고 하지 않았고, 지지적 피드백을 많이 받을수록 그녀의 삶은 새롭게 창조되었죠.

이 이야기에 아쉬운 점이 있다면, 앞에서 말했듯이 회사에 퍼져 있던 나쁜 평판을 완전히 극복하지는 못했다는 것이에요. 나중에 제인은 다른 지방으로 이사해서 결혼도 하고 직장생활도 잘하고 있다고 들었어요. 마지막으로 연락했을 때 제인은 애초에 갖고 있던 자신의 목표를 달성할 날이 머지않았다고 했어요.

이 사례의 교훈은 지지적 피드백에 엄청난 치유 효과가 있다는 거예요. 한 사람의 인생을 구속하는 커다란 장애도 제거할 수 있거든요. 또 제인이 얼마나 쉽게 지지적 피드백에 적응했는지도 주목하세요. 정신적으로 건강한 사람들은 당연히 긍정적인 피드백을 원해요. 그건 뇌 자체가 부정적인 것보다는 긍정적인 것을 더 선호하기 때문이지요. 이 점 명심하세요.

마침 다음 시간에 지지적 피드백에 대해 자세히 다루려고 합니다. 다른 동료들보다 진도를 먼저 나가셨네요. 그때 뵙도록 하지요.

격려와 감사의 마음을 전하려면

며칠 후 팀장들은 다시 교육에 참석하기 위해서 회의실에 모였다. 이전 시간까지는 이사가 나와서 몇 마디 하거나 안내를 하면서 수업을 시작했다. 그런데 이번에는 시작할 시간이 되도록 이사가 나타나지 않았다. 사람들은 어떻게 해야 할지 몰라 우왕좌왕했다. 한 팀장이 "이사님 없이 시작할까요, 아니면 기다릴까요?"라고 물었지만 아무도 답을 하지 못했다.

너무 늦어져서 결국 시작해야겠다고 생각할 즈음 이사가 회의실로 급히 들어왔다. 그는 테이블 위에 한두 개의 폴더를 올려놓고는 강사와 팀장들에게 사과했다.

"늦어서 죄송합니다. 급하게 처리할 것이 있었습니다."

이사가 자리에 앉자 강의가 시작되었다. 강사는 자리에서 일어나 네 가지 종류의 피드백 모델을 걸어둔 화이트보드를 가리켰다.

"네 가지 종류의 피드백은 다 아시리라 생각합니다. 지지적, 교정적, 무의미한, 그리고 학대적 피드백이 있죠. 오늘은 어떤 행동을 반복하게 하거나 바로잡는 데 가장 강력한 도구인 지지적 피드백에 대부분의 시간을 할애할 겁니다. 제 경험으로 비춰 보면 대부분의 사람들은 자신이 지지적 피드백을 주는 데 필요한 것을 모두 알고 있다고 생각하는데, 사실은 그렇지 않은 경우가 많습니다. 그 사람들은 대부분 무의미한 피드백을 주면서 놀라운 결과가 나오기를 기대하죠. 하지만 그럴 일이 일어날 가능성은 거의 없습니다. 여기에 대해서는 나중에 더 이야기하기로 하겠습니다."

> **지지적 피드백의 3요소**
>
> 1. 무엇인가?
> 2. 무엇이 아닌가?
> 3. 어떻게 주는가?

강사는 화이트보드에 지지적 피드백의 3요소를 적었다.

"우선 어떤 것이 지지적 피드백이며 어떤 것이 아닌지 살펴보고, 직장과 가정에서 효과적인 지지적 피드백을 주는 방법에 대해 배워보겠습니다. 이 방법을 익히면 여러 가지 상황에서 가장 강력한 방법으로 지지적 피드백을 줄 수 있을 겁니다."

강사는 한 사람에게서 다음 사람으로 시선을 옮겨갈 때 마치 기어를 바꿔가는 것 같았다. 강사가 이어서 말했다.

"몇 주 전에 지지적 피드백의 중요성에 대해 잠시 이야기한 적이 있었죠. 스콧 씨가 제리 씨와의 관계를 개선하는 데 지지적 피드백을 어떻게 사용했는지도 모두 들으셨고요. 그리고 몇 분께서 말씀하시는 것을 들어보니 여러분도 요즘 지지적 피드백에 대해 많이 생각하시는 것 같습니다. 피드백 기술이 향상된 분이 스콧 씨만은 아닌 것 같아서요."

강사는 회의실 한쪽에 놓여 있는 의자를 회의실 한가운데로 끌고 왔다. 의자에 앉으면서 강사가 말했다. "지지적 피드백의 공식을 알아보기 전에 우선 한두 분 정도 지난 몇 달 동안 피드백하신 경험을 이야기해주셨으면 좋겠어요. 직장에서 있었던 일도 좋고 집에서의 일도 좋아요. 지지적 피드백을 사용해서 어떤 행동을 독려하거나 바꾸려고 했는지에 초점을 맞춰서 말씀해주시기 바랍니다."

스콧이 앉아 있는 왼쪽으로 고개를 돌리면서 강사는 양해를 구했다.

"스콧 씨, 제리 씨에 관해 내드린 숙제를 잘해주셔서 우리 모두에게 좋은 표본이 돼주셨어요. 감사합니다. 이제는 다른 팀장님들이 어떻게 해왔는지도 알고 싶거든요. 그러니 이번에는 스콧 씨는 발표에서 제외하는 것으로 하죠. 양해해주시겠죠?"

그러고는 이사를 쳐다보았다.

"사실 이사님께도 비밀 프로젝트를 드렸습니다. 이사님 이야기도 다른 분들의 말씀을 들을 때까지 미루도록 하지요."

이사는 고개를 끄덕이면서 덧붙였다. "사실 조금 전에도 그 프로젝트의 진행 상황을 점검하느라 늦었던 겁니다."

강사는 다시 팀장들을 바라보았다.

"자, 스콧 씨와 이사님은 제외되었습니다. 이제 어느 분이 말씀해주실까요? 의식적으로 지지적 피드백을 사용해오신 분들 중에서 우리에게 결과를 말씀해주실 분이 계신가요?"

팀장 두 명이 동시에 손을 들었다가 한 사람이 다른 사람에게 양보했다.

"제 이야기를 시작하기 전에 먼저 할 말이 있습니다. 예전에 저는 이와 비슷한 교육을 받은 적이 있습니다. 그 교육들도 어떤 점에서는 이번 교육보다 좋았습니다. 여기서 배우는 것이 아주 새로운 것은 아닙니다. 사실 우리가 익히 알고 있는 내용이 대부분이죠. 이미 우리가 알고 있고 진즉에 했어야 하는 것들입니다. 그런데 어떤 이유에서인지 우리는 피드백을 제대로 해오지 못했어요. 왜 그랬는지 한 번쯤 의견을 나눠보아야 하지 않나 싶습니다. 이렇게 중요하고, 또 이렇게 간단해 보이는 것이 왜 이렇게 하기 어려울까요? 꾸준히 하는 게 왜 이렇게 힘들까요?"

팀장이 자기 생각을 정리하려고 말을 멈춘 사이에 강사가 끼어들었다.

"팀장님이 이야기를 시작하기 전에 제가 잠깐 말씀드리겠습니다. 팀장님 말씀이 맞아요. 피드백이란 것이 전혀 새로운 것은 아닙니다. 이건 중요하고 기본적인 것입니다. 근본적으로 간단하기도 하고요. 문제는 대다수의 리더들과 상사들이 피드백을 주거나 피드백 통을 채우는 행위의 중요성을 깨닫지 못했다는 점이에요. 이 사회가 피드백 부족에 시달려 점점 더 나빠질까 봐 사실 걱정입니다. 솔직한 의견을 말씀해주셔서 감사합니다. 저도 전적으로 동의합니다. 이제 계속 말씀해주실까요?"

팀장은 바로 경험담을 말하기 시작했다.

"저는 제 비서와 문제가 있었습니다. 우리는 최소한 일주일에 한 번씩은 충돌했습니다. 제가 어떤 것을 이런 식으로 하자고 하면 비서는 꼭 다른 식으로 하고 싶어 했어요. 예를 들어 저는 보고서 문서의 제목을 중앙에 놓고 싶어 하는데 비서는 왼쪽에 놓는 것이 더 보기 좋다고 말하는 식이죠. 벌써 1년도 넘게 이런 일이 되풀이되고 있습니다. 큰 문제는 아니지만 너무 짜증스러웠죠."

팀장은 테이블 위에 있던 파일 폴더를 열더니 서류를 하나 꺼냈다. 그녀는 다른 사람들이 볼 수 있도록 서류를 들어 올리고는 말을 계속했다.

"이것이 제가 원하는 식으로 제목을 중앙 정렬한 보고서예요. 저도 보고서의 처음 몇 줄이 어떻게 되느냐가 썩 중요하다고는 생각하지 않아요. 그렇지만 이런 신경전은 우리의 관계가 어땠는지 단적으로 보여주는 것이죠."

팀장은 보고서를 다시 폴더에 넣고는 살짝 미소를 지었다.

"이런 상황을 제가 어떻게 극복했냐고요? 교육을 받으면서 저는 비서에 대한 제 피드백 스타일이 대부분 비판적이라는 사실을 깨달았어요. 비서가 일을 잘할 때는 별 말도 없다가, 그녀가 명백히 틀렸거나 틀린 것 같을 때는 재빨리 지적했거든요. 모두 비슷한 경험이 있으신가요?"

빙글빙글 웃으면서 스콧이 말했다.

"혹시 성함이 '스콧'인가요?"

회의실 안에 웃음소리가 잦아들 즈음 팀장이 말했다.

"제 이름이 스콧은 아니지만, 제가 한 행동도 스콧 씨가 한 것과 똑같아요. 비판은 줄이고 비서의 행동에서 제가 좋아할 만한 것을 찾기 시작했지요. 매일 비서의 업무에 대해 지지적인 피드백을 줄 만한 게 있는지 의식적으로 찾았고요. 그녀의 피드백 통을 채우기 시작한 거죠. 지지적 피드백에 집중하니까 그녀의 성과에 좀 더 관심을 갖게 되었어요. 제게도 좋은 일이죠. 그녀가 변해가는 모습이 좋아요. 와, 이거 정말 효과가 대단했어요!"

강사가 팀장에게 고맙다고 하고는 다시 물었다.

"다른 분은 없나요?"

또 다른 팀장이 입을 열었다.

"제 경험담은 부하직원에 관한 것은 아니고, 제가 매일 거래하는 벤더업체와의 관계에서 일어난 일입니다. 이번 교육을 시작할 때 저는 그 거래처에서 제가 주로 연락하는 세 명에게 더 나은 피드백을 주려고 노력하면서 결과를 지켜보았습니다. 예전에는 이 세 명 가운데 누구와 거래를 성사시키든 저는 그 사람이 당연히 해야 할 일이니까 특별히 고마워할 이유도 없다고 생각했습니다. 그런데 이런 방식에서 탈피해서 그 회사에서 저를 도와주는 사람에게는 어떤 식으로든 내 나름대로 고마운 마음을 표현했습니다. 이메일도 보내고 전화도 했고요. 뭐, 제 특별 주문을 처리해준 여직원에게는 퇴근 후에 도넛도 사다주고 그랬습니다. 그렇게 노력한 결과 다른 분들처럼 저도 최근에 그 거래처에서 가장 좋은 실적을 거두었습니다. 제가 한 것은 피드백을 준 것뿐인데 저에게도 정말 큰 효과가 있었던 것 같습니다."

"그 사람들에게 어떤 종류의 피드백을 주셨나요?"

"대단한 건 아니고요. 그냥 배달할 때 특이사항을 요청했는데 잘 들어주었을 때나, 또는 예를 들어 정시에 배달이 되었을 때, 전화를 하거나 이메일을 보내서 감사의 뜻을 전하는 정도였죠. 그것도 일종의 피드백이라고 생각합니다."

"피드백 맞아요. 좋은 예를 들어주셨네요. 감사합니다."

조련사들의 격려법

팀장들의 사례를 들은 후 강사는 의자에서 일어나 좌중을 둘러보며 물었다.

"여러분 가운데 씨월드에 가보신 분 계신가요?"

회의실 안에 있던 팀장들 거의 대부분이 손을 들었다. 강사가 고개를 끄덕인 후 말을 이었다.

"이제부터 말씀드릴 사례를 저는 참 좋아해요. 누구나 쉽게 이해할 수 있거든요. 우리는 씨월드의 조련사들에게서 많은 것을 배울 수 있어요. 단순히 동물들을 다루는 방법만이 아니라 사람을 다루는 방법까지도요. 씨월드 조련사들의 조련법은 더 이상 비밀이 아니에요. 수많은 사람들이 보는 쇼에서 조련사들은 긍정적 피드백을 통해 동물의 행동을 변화시키고 바로잡는 과정을 그대로 보여주지요. 아직 안 가보신 분들은 꼭 한번 가보시기 바랍니다. 제가 무슨 말을 하는지 생생히 확인하실 수 있을 거예요."

강사는 테이블 밑에 놓아두었던 90센티미터가량의 막대기를 집어들었다. 막대기 끝에는 5센티미터쯤 되는 손잡이가 달려 있었는데, 손잡이 안이 무언가로 채워져 있는지 둥그렇게 보였다. 강사는 사람들이 모두 볼 수 있도록 막대기를 들어 올렸다.

"이것은 씨월드에서 조련사들이 '타깃'이라고 부르는 것의 미니어처입니다. 조련사들이 사용하는 실제 타깃은 매우 길어서 동물들이 있는 수조 바닥에 닿을 정도예요. 제가 인상 깊게 본 것은 바로 이 타깃을 사용하는 방법입니다."

강사는 회의실 가운데쯤 앉아 있는 팀장에게 다가가더니 그의 코로부터 약 30센티미터 떨어진 곳에 타깃의 둥근 손잡이 부분이 오도록 막대기를 들었다. 그러고는 타깃이 그 팀장의 코를 건드릴 정도로 천천히 움직였다. 다른 손으로는 팀장에게 조그만 사탕을 건네주었다. 팀장은 사탕을 받아들고는 "이 교육을 좋아하게 될 줄 알았다니까" 하고 농담을 던졌다.

강사는 같은 식으로 두 번 반복하고 다시 사탕을 건네주었다.

다른 팀장들을 바라보면서 강사가 물었다.

"어떻게 생각하세요? 이게 이 팀장님이 가장 좋아하는 물고기 같은가요?"

같은 과정을 한 번 더 반복한 강사는 팀장에게 사탕을 하나 더 건네주었다.

그 다음에는 강사가 팀장의 코에서부터 약 15센티미터가량 떨어진 곳에 타깃을 놓고 말했다. "이 사탕이 팀장님이 가장 좋아하는 물고기라고 치고, 팀장님이 지금 배가 고파서 더 먹고 싶다고 가정해보죠. 만약 제가 이 타깃을 이렇게 팀장님 앞에 놓으면 어떻게 하시겠어요?"

팀장은 몸을 앞으로 숙이고는 코로 타깃을 건드리면서 말했다.

"별로 어려운 문제는 아니네요. 사탕 하나 주세요."

강사가 사탕을 더 주었다. 그러고는 다시 팀장을 바라보았다.

"그래도 배가 고파요. 그런데 제가 타깃을 이렇게 높이 놓으면요?"

강사는 타깃을 팀장 위로 최대한 높게 들어올렸다.

"그럼 어떻게 하시겠어요?"

팀장은 타깃을 건드릴 수 있도록 의자 위에 올라섰다.

"저는 이렇게 할 겁니다. 이제 사탕 더 주실 거죠?"

의자 위에 올라선 팀장의 기묘한 모습을 보고 다른 팀장들이 박장대소했다.

강사는 테이블 위에 타깃을 내려놓고는 말했다.

"돌고래와 범고래가 사람만큼 똑똑하지는 않겠죠. 그렇지만 인내심, 반복 그리고 격려가 적절한 보상과 합쳐지면 고래들이 높이 뛰어올라 관중들에게 물세례를 선사하는 게 가능해집니다. 씨월드의 조련사들은 모두 격려성 피드백이라는 기술의 달인이에요. 이 기술이야말로 그들을 최고로 만드는 트레이드마크죠. 우울한 것은 대다수의 회사에서 직원을 훈련시키는 방법이 씨월드의 동물 조련법보다 훨씬 낙후됐다는 사실입니다."

아이를 바꾸는 가장 빠른 방법

휴식을 끝내고 사람들이 다시 들어오자 강사가 수업을 재개했다.

"이제 제가 이사님께 드린 특별 프로젝트에 대한 보고를 받을 시간입니다. 몇 달 전에 이사님이 제게 오셔서 고민거리를 털어놓으셨습니다. 고민인즉슨, 이사님께 아들이 둘 있는데 방을 어찌나 지저분하게 쓰는지 보건복지부에서 와서 뭐라고 할 정도라고 하셨어요. 청소년기 자녀를 둔 분들은 이사님의 고충을 십분 이해하시리라 믿습니다."

이사를 바라보면서 강사가 물었다.

"제가 어떤 프로젝트를 내드렸는지, 그 과제를 어떻게 수행하고 계신지 이사님께서 직접 말씀해주시겠어요?"

이사는 자리에서 일어나 설명을 시작했다.

"여기 모인 많은 분들이 아시겠지만, 내게는 아들이 둘 있습니다. 첫째는 열일곱 살이고 둘째는 열네 살입니다. 오늘 아침 여기에 오기 전에 나는 아내에게 전화해서 그 녀석들 방이 어떤 상태인지 확인했습니다. 그 녀석들의 방은 몇 년 동안 정말 폭탄 맞은 것 같았습니다. 아내와 내가 아무리 해도 나아지지 않더군요. 강사님은 내게 애들 방 중 하나라도 깨끗해지면 야단스럽게 치켜세우라는 과제를 주었습니다. 칭찬할 만큼 좋아지기를 기다리는 데도 사실 시간이 좀 걸렸죠. 어쨌든 며칠 전에 드디어 둘째가 방을 조금 치웠습니다. 그날 저녁 식사를 마친 후에 둘째의 방에 들어가서 '와, 이것 좀 봐. 침대 위에 널려 있던 옷을 다 치웠네. 그리고 여기도! 세상에…… 이쪽 구석이 전보다 훨씬 깨끗해졌잖아!'라고 칭찬해주었습니다. 그날 밤 그 녀석 방에서 무슨 일이 벌어졌는지 아내가 소상히 이야기해주었습니다. 둘째가 커다란 쓰레기봉투를 갖다 놓고 오래된 피자 상자 같은 것들을 치우고 있다는 겁니다. 강사님이 가르쳐준 대로 발전하는 모습을 볼 때마다 칭찬했더니, 그때마다 녀석은 점점 더 방을 깨끗하게 정돈했습니다. 그렇다고 그 녀석 방이 아주 깔끔해진 건 아니지만, 몇 년 동안 보아온 것 중에 가장 깨끗한 건 사실입니다."

이사는 강사를 한번 쳐다보고는 다시 팀장들을 둘러보면서 말을 이어갔다.

"지금 말한 것처럼 둘째아이의 방은 훨씬 나아졌지만 첫째아이의 방은 그리 달라지지 않았습니다. 나는 이번 프로젝트를 하면서 아이들에게 방을 치우게 하려면 잘한 것은 칭찬하고 못한 것에 대해서는 아주 조심스럽게 지적해야 한다는 걸 배웠습니다. 그동안 내가 너무 비판적이었던 것이 모든 문제의 근본적인 원인이 아니었나 생각합니다. 아들의 방에서 내가 목격한 변화는 우리가 직원들을 대할 때 어떻게 해야 하는지 보여주는 좋은 모델이 아닌가 합니다. 우리 모두 잘한 것에 대해서는 강조하고 잘못한 것에 대해서는 신중해야 할 필요가 있습니다. 내 프로젝트에 대한 보고는 여기까지입니다."

지지적 피드백의 4단계

강사는 자신의 의자를 이사 앞으로 옮겼다. 그러고는 이사를 마주보고 앉더니 이사의 눈을 똑바로 쳐다보면서 말했다.

"몇 주 전에 저는 이사님께 특별 프로젝트를 해주십사 부탁드렸어요. 이사님이 아들들의 방에 대해 설명하실 때 이사님이 얼마나 고민하는지도 알게 되었죠. 그래서 저는 아이들이 방을 치운 흔적이 조금이라도 보이면 지지적 피드백을 주라고 말씀드렸습니다. 이사님은 그러마고 하셨고, 오늘 정말 놀라운 결과를 말씀해주셨어요. 이사님의 피드백 덕분에 아드님과의 관계도 더 좋아지고, 다른 문제를 해결할 수 있는 실마리도 발견하셨네요. 이사님께서 한 일에 제가 얼마나 깊은 인상을 받았는지 아셨으면 좋겠어요. 제가 만났던 회사 중역들이 모두 이사님처럼 잘하시지는 않았거든요. 저의 제안을 충실히 따라주셔서 고맙습니다."

팀장들은 강사가 이사에게 한 행동이 매우 독특하다는 점을 알아차렸다. 매우 부드럽고도 효과적인 방법으로 상황이 설정되고 실행되었다. 그렇지만 팀장들은 정확히 어떤 점이 특이한지는 파악하지 못했다. 강사도 그런 분위기를 감지한 듯했다. 강사가 자리에서 일어나서 이사에게 물었다.

"방금 전에 무슨 일이 있었죠?"

"내가 한 행동에 대한 피드백을 강사님이 주셨죠. 그런데 단순한 피드백이 아니라 어쩐지 좀 더 강렬한 느낌이었습니다."

"바로 그겁니다. 보다 강렬한 것. 보다 강렬하기 때문에 더 효과적일 수 있는 거예요. 제가 그냥 '잘하셨네요', '좋습니다' 아니면 '바로 그거예요', '계속 그렇게 하세요', '지금까지는 좋습니다'라고 말했다면 어떤 느낌일까요? 이런 말들로는 우리가 상대방에게 바라는 반응을 얻기 힘듭니다. 파워가 부족하니까요. 저는 '잘하셨어요', '좋습니다' 같은 말들을 '무의미한 피드백'이라고 부릅니다. 지지적 피드백에서 느낄 수 있는 힘이 부족하기 때문이죠."

강사는 벽 쪽으로 걸어갔다. 벽에는 종이로 가려놓은 커다란 포스터보드가 걸려 있었다. 보드의 종이커버를 떼어내자 지지적 피드백의 4단계 공식이 나타났다.

각 단계를 가리키면서 강사는 설명을 이어갔다.

"우선 저는 상대방이 무엇을 했는지, 즉 상대방의 행동을 특히 중점적으로 말했습니다. 그런 다음, 그 행동으로 인한 긍정적인 결과를 설명했고요. 그러고 나서 그런 행동에 대해 제가 어떻게 느끼는지 이야기했습니다. 마지막으로 제가 왜 그렇게 느꼈는지 말했습니다. 이 4단계를 통해 지지적 피드백의 효과는 극대화됩니다. '잘하셨습니다'라는 말이 이 공식보다 약한 이유는 대상을 구체적으로 지칭하지 않고 초점도 모호하기 때문입니다. '잘하셨

지지적 피드백의 4단계

1. 구체적인 행동을 설명한다.
2. 행동의 결과를 설명한다.
3. 행동에 대해서 어떻게 느꼈는지 설명한다.
4. 왜 그렇게 느꼈는지 설명한다.

습니다', '좋습니다'라는 말로는 듣는 사람이 자신의 행동과 피드백 사이의 연관성을 찾기 힘들어요. 특히 이 공식은 반복되기 바라는 특정 행동을 이끌어내는 데 효과 만점입니다. 아주 강력한 방법이죠."

강사는 비서와의 갈등을 말했던 팀장의 바로 앞으로 의자를 옮기고 팀장을 격려하는 듯한 미소를 지으며 말했다.

"나랑 일하면서, 내가 원하는 서식과 본인이 좋아하는 게 달라서 고생하는 줄 알아요. 요즘 보고서들은 정말 좋던데! 자료를 찾으려고 보고서를 볼 때마다 느끼는 건데, 이 형식이 훨씬 눈에 잘 들어와. 이렇게 만들어줘서 얼마나 고마운지 몰라요. 덕분에 우리 둘 다 일하기가 훨씬 쉬워진 것 같아."

계속해서 강사는 거래처와의 관계를 개선한 팀장 앞으로 의자를 옮겨와서 지지적 피드백의 예를 보여주었다.

"지난 몇 주 동안 저를 정말 열심히 도와주신 것 알고 있습니다. 특히 청구서에 거래내역을 자세히 써주셔서 이제 비용을 정확하게 파악하고 한결 쉽게 지급 승인을 받을 수 있게 되었어요. 정말 감사합니다. 덕분에 시간도 절약하고, 안 그랬으면 지루했을 뻔한 작업을 즐겁게 끝낼 수 있었습니다."

강사는 다시 회의실 앞쪽으로 걸어가서 좌중을 둘러보았다.

"사정이 여의치 않아 상대방이 잘하는 모습을 여러분이 보지 못하는 경우도 있을 겁니다. 예를 들면 출장을 간 동안 아들이 방을 치울 수도 있죠. 하지만 그 사람의 성과에 계속 관심을 집중한다면, 실행과정은 못 보더라도 그 결과는 볼 수 있을 거예요. 참고로 저는 방금 보여드렸던 세 가지 피드백에서 '행동'과 '결과'를 함께 칭찬했어요. 세 가지 사례에서 저는 행동과 결과가 모두 반복되기를 바라기 때문이죠."

강사는 물을 한 모금 마신 뒤 더욱 강한 어조로 설명을 이어갔다.

"어떤 사람의 행동이 낳은 결과는 그 행동이 해당 집단의 사람들에게 어떤 영향을 미치느냐에 의해 평가될 때가 많아요. 만약 이사님의 아드님이 자신의 행동에 가족들이 정말 기뻐한다는 것을 정확히 이해한다면 앞으로도 계속해서 방을 깨끗하게 치울 거예요. 비서도 마찬가지로, 만약 상사가 문서 중앙에 보고서의 제목을 두는 걸 얼마나 좋아하는지 알게 되면 앞으로도 보고서 제목을 중앙에 놓을 가능성이 많습니다. 거래처들도 자신의 행동이 우리 회사에 어떤 영향을 미치는지 이해한다면 문제도 덜 일으키고 상품도 제 시간에 배달해줄 가능성이 높죠."

강사는 아까 피드백이 전혀 새로운 개념이 아니라고 말했던 팀장을 쳐다보며 말했다.

"지지적 피드백에 대해서는 아직 배울 것이 많습니다. 새로운 개념은 아니지만 우리가 강력한 방법으로 전달할 수 있으려면 연습을 좀 더 할 필요가 있어요."

잠시 발끝을 응시하던 강사는 다시 팀장들을 바라보면서 마지막 말을 덧붙였다.

"하지만 가끔 어떤 사람들에게는 지지적 피드백이 효과를 발휘하지 못하는 경우도 있어요. 여러분이 지극정성을 다하고 효과 만점의 공식을 사용해도, 지지적 피드백에 긍정적으로 반응하지 않는 사람도 있거든요. 그럼 어떻게 해야 할까요? 그런 상황에도 적용되는 공식이 있을까요? 음, 이 질문에 대해서는 다음 시간에 다루도록 하겠습니다. 그때 다시 뵙지요."

08

스콧의 이야기

여덟

인생을 바꾸는 힘

"피드백을 준다는 것은 일종의 과감한 도전입니다.
다른 사람들의 마음을 헤아리고
상대방이 피드백에 어떻게 반응하는지 알 수 있다면,
피드백을 주는 본인의 능력도 향상될 겁니다."

몇 주 후 피드백 교육이 다시 시작되었다. 팀장들이 회의실에 도착해 보니 화이트보드에 다음과 같은 말이 적혀 있었다.

"오늘 우리에게 매우 중요한 과제가 있습니다."

글귀 아래로는 포스터보드를 붙여놓았는데 저번처럼 종이로 가려져 있었다.
이사가 간략한 인사를 한 후 강사에게 진행을 넘겼다. 그러나 이사가 자리에 미처 앉기도 전에 강사가 짓궂게 물었다
"아드님들의 방은 안녕하신가요?"
"괜찮습니다." 이사가 웃으며 대답했다.

"나와 아내가 만족할 만큼은 아니지만 둘째 아이의 방은 꽤 깨끗해졌고 첫째 아이의 방도 나아질 기미가 보입니다."

강사가 고개를 끄덕이더니 다시 물었다.

"며칠 전 이메일에서 그러셨는데, 둘째 아드님이 유리창 클리너를 찾았다면서요?"

"아, 네. 나는 매일 둘째 아들에게 지지적 피드백을 해서 그 녀석의 피드백 통을 채워주려고 노력하고 있습니다. 그 녀석이 조금 치우면, 저도 거기에 대해 조금 칭찬을 해주지요. 신기하게도 방 상태가 조금씩 개선될 때마다 다른 것들에 대한 녀석의 태도도 변해가는 게 눈에 보였습니다. 예를 들어 집 안의 자질구레한 일이나 엄마를 대하는 태도, 숙제 같은 일상적인 것들 말이죠. 하루는 그 녀석이 자기 엄마에게 엄마는 무엇으로 창문을 닦느냐고 묻더랍니다. 그래서 아내가 유리창 클리너는 갑자기 왜 찾느냐고 물었더니, 아들 녀석이 자기 방의 창문을 닦고 싶다고 하더랍니다."

"창문이오?"

"네, 자기 방 창문이오! 이전까지는 긍정적으로 바라보기 위해 다소 의식적으로 노력했지만, 유리창 클리너 이야기를 듣는 순간 난 지지적 피드백으로 완전히 전향해버렸습니다."

"'완전한 전향자'라고요! 이제부턴 저도 강의에서 그 말을 써야겠네요. 말이 나온 김에, 수업을 시작하기 전에 질문 하나 더 하겠습니다. 둘째 아드님이 스스로 방청소하는 것을 칭찬한 후에, 아드님이 더 적극적으로 깨끗하게 치우게 되었다고 하셨잖아요. 그리고 계속해서 칭찬을 반복하셨고요. 맞습니까?"

"네, 그랬죠."

"그 일이 몇 번 반복되고 나니까 아드님이 다른 면에서도 나아졌다고 하셨는데요. 자질구레한 집안일이나 엄마를 대하는 태도나 숙제 같은 것이오, 맞나요?"

"네, 단순히 방을 치우는 것 외에도 많은 면에서 아들의 행동이 변했습니다."

"그럼 어느 직원이 자발적으로 업무 개선을 해서 이에 대해 지지적 피드백을 받는다면 그 직원에게 어떤 일이 일어날까요?"

"아들의 경우로 미루어본다면 피드백을 받은 부분과 상관없는 분야까지 개선되는 모습을 볼 수 있을 것 같습니다. 허허! 생각해보니 흥미롭군요."

이 가능성이 이사의 마음을 사로잡은 게 분명했다. 강사는 다시 팀장들을 바라보고는 재차 확인했다.

"방금 들은 이야기의 의미를 모두 아시겠어요? 이 모든 성과가 쓰레기봉투와 피자 상자에서 비롯되었다니, 놀랍죠?"

부정적인 행동을 없애준다고?

강사는 회의실 중앙에 있는 테이블로 옮겨가서 계속 설명했다.

"직무와 관련하여 지지적 피드백을 주는 방법에는 두 가지가 있습니다. 그 사람의 내면에 있는 인격을 칭찬해주는 방법이 있고, 그 사람이 한 긍정적인 행동을 칭찬하는 방법이 있어요. 두 가지 칭찬 모두 좋고 타당한 방법입니다. 하지만 언제 어떤 방법을 사용해야 하는지, 얼마나 해야 하는지는 좀 헷갈릴 수도 있어요."

강사는 강의에 참석한 팀장들을 한 명 한 명씩 바라보면서 물었다.

"사람들이 자신의 인격적인 면을 인정받기 원하는지, 아니면 자신이 한 행동에 대해 칭찬받기 원하는지 어떻게 알 수 있을까요?"

잠시 기다렸지만 아무도 대답을 할 것 같지 않았다. 결국 강사가 직접 대답했다.

"피드백을 준다는 것은 어떤 면에서는 일종의 과감한 도전입니다. 다른 사람들의 마음을 헤아리고 상대방이 피드백에 어떻게 반응하는지 알 수 있다면, 피드백을 주는 본인의 능력도 향상될 겁니다. 그리고 여러분도 다 아시리라 생각하지만, 누구나 다른 사람의 마음을 알아내는 능력을 타고나지는 않거든요. 그것은 우리가 지속적으로 개발해나가야 하는 능력입니다. 자, 그럼 팀장으로서, 또 부모로서, 행동을 격려해야 하는지 아니면 인격 자체를 칭찬해야 하는지 어떻게 알 수 있을까요?"

키가 크고 덩치가 좋은 한 팀장이 손을 들었다.

"지난 시간 이후 저도 그것에 대해서 많이 생각해봤는데요. 처음에는 구별할 방법이 없을 것 같았는데, 자주 대화를 하면 어떤 면을 칭찬할지 파악해낼 수 있지 않을까 합니다. 두 가지 칭찬을 똑같이 많이 해야 하는지는 잘 모르겠지만, 좋은 팀장이라면 둘 다 할 것 같습니다."

강사가 웃으며 말했다.

"저도 그렇게 생각합니다. 시간이 좀 걸릴 수는 있겠지만 그 사람의 바람직한 인격을 칭찬하는 것과 행동을 칭찬하는 것을 구별하는 데는 연습이 필요해요. 헷갈리는 이유는 아마도 이 두 가지 면에 대한 칭찬이 다 필요하기 때문일 겁니다. 각각의 칭찬을 언제 사용해야 하는지 결정하는 것이 관건이지만요."

강사는 잠시 말을 멈추고 생각을 정리했다.

"사실은 두 가지 기술이 서로 연결되어 있습니다. 그러니까 사람의 인격을 칭찬하든 행동을 칭찬하든 시간 낭비는 아니에요. 어떤 유형이든 지지적 피드백은 대체로 좋은 결과를 가져옵니다. 두 가지 형태의 피드백을 어떻게 조율하느냐와는 별개로, 저는 어떤 행동이 일어난 직후에는 주로 그 행동에 대한 칭찬을 하는 편이에요. 그러지 않으면 두 가지 방법을 같이 사용하죠."

강사는 모든 사람들이 볼 수 있도록 서류 한 장을 들어 올렸다.

"이것은 제 고객사 중 한 회사의 손익계산서입니다. 비즈니스는 항상 이처럼 손익계산서를 중심으로 모든 일이 일어나지요. 이 회사도 마찬가지로 사람들에 대한 어떤 기준이 있을 겁니다."

테이블 위에 손익계산서를 올려놓고 강사는 계속 설명했다.

"솔직히 말하면, 수익을 내야 한다는 압력 때문에 수많은 상사들은 직원들의 불필요한 행동을 줄이거나 없애도록 도와야 한다는 소임을 종종 잊어버립니다. 직원들이 쓸데없는 행동을 멈추도록 하는 가장 효과적인 방법은 직원들의 피드백 통을 채워주는 것입니다. 여러분의 지지적 피드백이 다른 누군가의 통을 채워서 그 사람의 기분이 좋아진다면, 그 사람의 성과는 올라가고 문제를 일으킬 가능성은 낮아집니다. 다시 말해 오늘 약간의 시간을 투자하면 내일의 문젯거리가 줄어든다는 거죠. 문제가 줄어든다는 것은 어떤 뜻인가요? 바로 가장 중요한 손익 상태가 좋아진다는 뜻입니다. 결국 효과적인 피드백은 비즈니스 수익으로 직결된다는 것을 아시겠죠?"

곤란한 대화를 나누어야 할 때

휴식시간이 끝나고 사람들이 다시 들어오자 강사는 옅은 미소를 지으면서 말했다.

"자, 이제 교정적 피드백에 대해 본격적으로 알아볼 차례입니다. 그 전에 먼저 이 강의를 통해서 여러분이 얼마나 많은 것을 배웠는지 점검해볼까요? 이론상으로는 피드백이 굉장히 쉬워 보이지만 실제로 해보려고 하면 꽤 어려울 수도 있습니다. 그래서 여러분 가운데 한두 분 정도 교정적 피드백에 대해 생각하는 바를 한번 보여주셨으면 좋겠는데요."

강사는 회의실 앞쪽에 의자 두 개를 V자형으로 옮겨놓으면서 말했다

"지원자가 두 분 필요한데요." 강사는 잠시 말을 멈추고 팀장들을 둘러보았다.

"그쪽에 계신 두 분이 본인들의 능력을 보여주시는 것은 어떨까요?"

강사는 덩치가 큰 남성과 그 옆에 있던 갈색 정장을 입은 여성을 가리켰다. 두 사람이 앞으로 나와서 의자에 앉자, 강사가 과제를 주었다.

"팀장님은 행동과 성과에 모두 문제가 있는 직원입니다. 이분이 팀장님의 상사이고요. 상사가 지난 몇 주 동안 지지적 피드백을 주려고 노력했는데, 어떤 이유에서인지 팀장님은 상사를 무시했습니다. 이제 이분이 상사 역을 맡아서 팀장님의 행동을 교정하려고 할 것입니다. 팀장님은 상사의 직원으로서 일반적인 직원이 할 법한 반응을 보여주면 됩니다. 자, 이제 어떤 일이 벌어질

지 같이 볼까요?"

강사의 말이 끝나자마자 바로 역할극이 시작되었다.

"와줘서 고마워요. 요즘 사무실에서 일어나고 있는 일들에 대해 이야기해야 할 것 같아서 불렀습니다. 어제도 그렇고 오늘 아침도 그러던데, 당신은 다른 직원들에게 화를 냈죠? 요즘 당신이 계속 불만에 차 있어서 사람들에게 퉁명스럽게 대한다는 말을 들었어요. 누가 무슨 말을 했는지는 별로 중요하지 않으니 말하지 않겠습니다."

상사 역을 하는 여성은 잠깐 말을 멈추고 생각을 정리했다.

"팀워크가 얼마나 중요한지 당신도 모르지는 않을 겁니다. 나도 직원들이 서로 존중해주는 팀의 일원이 되기를 바라고요. 그렇게 되면 결과적으로 시장에서의 우리 입지도 더 굳어질 거라고 생각해요. 당신도 그렇게 생각하지 않습니까?"

직원 역할을 하는 키 큰 팀장은 어깨를 으쓱하고는 대답했다.

"아마 그렇겠죠." 그는 문제사원 역할을 하는 게 재미있는 듯했다.

잠시 말문이 막힌 '상사'는 도움이 될 만한 것을 찾는 듯 벽에 붙어 있는 포스터보드를 쳐다보더니 말을 이었다.

"그런 맥락에서 당신의 행동을 좀 고쳐야 한다고 생각해요. 그러면 우리가 원하는 결과를 달성하고 회사의 목표도 이룰 수 있다고 봅니다."

상사 역을 하는 팀장은 약간 당황하고 있었다. 그녀는 강사가 내준 상황이 자신이 절대 이길 수 없는 경우는 아닌지 걱정스러웠다. 그 다음에 어떻게 해야 할지 몰라 고민하는 동안, 직원 역을 맡은 팀장이 물었다.

"제가 지금처럼 계속하면 어떻게 하실 건데요?"

방 안의 팀장들 중 일부는 예상했다는 듯이 미소를 지었다. 상사 역을 맡은 팀장은 뭔가 철렁 내려앉는 느낌이 들었다. 그녀는 뭐라고 해야 할지 몰라 기어들어가는 목소리로 대꾸했다.

"뭐, 앞으로도 계속 이런다면 할인매장에서 깜짝 세일이나 해야 할 겁니다."

사람들의 웃음이 잦아들자 강사가 역할극을 멈추게 하고는 두 사람에게 고맙다고 인사했다. 강사도 '깜짝 세일'이라는 말이 재미있어서 웃음을 참지 못했다. 자리를 정돈한 후 강사가 말했다.

"이런, 기본은 다 건드린 것 같네요. 그럼 이제 다른 분들이 한번 말씀해볼까요? '깜짝 세일'이라는 기발한 말 말고 여러분은 교정적 피드백을 적용하려고 하는 우리 상사의 능력에 대해 어떻게 생각하세요?"

직원 역할을 했던 팀장이 먼저 말했다. "저는 상사가 직원으로서 제가 해야 할 일에 대해 지적해주었다고 생각합니다."

"행동을 어떻게 바꾸라고 자신에게 명령한 것처럼 느끼셨다는 거죠." 강사가 정리해서 말했다.

또 다른 팀장이 말했다.

"저는 상사가 팀원의 행동을 바꾸도록 설득했다고 느꼈습니다."

"그럼 설득으로 보신 거네요."

"네. 정확히 말하자면 '그에게 명령을 하고 설득시켰다'입니다. 제 표현이 어떨지 모르겠지만요."

"저도 그렇게 생각합니다. 상사는 두 가지를 다 했죠. 그리고 '깜짝 세일'이라고 말한 데는 뭔가 다른 것도 있었습니다. 그게 뭘까요?"

U자형 테이블의 맨 끝에 앉아 있던 사람이 말했다.

"말이 좀 이상하긴 하지만, 상사는 그에게 명령하고, 설득하고, 협박했습니다."

"맞아요, 그게 바로 제가 원하는 답이에요. 우리 두 분의 지원자들께서 기분 나쁘게 생각하지 않으셨으면 좋겠습니다. 왜냐하면 두 분은 제가 이렇게 했으면 좋겠다고 생각한 그대로 하셨으니까요. 아카데미상을 받을 자격이 충분한 두 분께 박수를 보내드리지요."

명령과 설득, 협박의 차이

강사가 벽 쪽으로 걸어가서 또 다른 포스터보드를 떼어내는 동안 박수 소리가 잦아들었다. 화이트보드에는 다음과 같은 항목이 적혀 있었다.

- 명령
- 설득
- 협박

강사는 의자를 끌어당겨 앉았다. 마치 친구와 이야기하는 듯한 자세였다.

"우리는 보통 명령과 설득으로 다른 사람의 행동을 바꾸려고 하죠. 만약 두 방법 다 실패한다, 그러면 협박을 합니다. 이건 새로 부임한 사장이 회사 뉴스레터의 첫 페이지에 자기 사진을 넣고 싶어 하는 것만큼이나 흔한 일입니다."

강사는 고개를 한 번 끄덕이고는 설명을 계속했다.

"하지만 문제는 명령하고, 설득하고, 협박하는 것은 효과가 아

행동을 변화시키는 전통적인 방법

| 명령 | 설득 | 협박 |

주 미미하다는 점입니다. 그나마 반짝 효과에 그치고 맙니다. 상대방은 금방 예전처럼 행동합니다. 이 말을 못 믿으시겠다면, 여러분이 명령을 받았을 때 어떻게 행동했는지 생각해보세요. 무엇을 언제 어떻게 하라고 명령받았을 때 여러분도 일단 반항하거나 뻣뻣하게 버티지 않나요? 설득을 당했을 때는 어떨까요? 설득당할 때 어떤 면으로는 자신이 열등하고 능력이 부족한 사람인 것 같은 느낌을 받습니다. 저도 그렇고요. 그래서 누군가 나를 설득하려고 하면 자신을 방어하려는 본능이 작동하게 되죠."

강사는 화이트보드의 '협박' 항목을 가리켰다.

"협박당했을 때는 어떤 생각이 드세요? 즉시 행동을 바꾸지 않으면 무서운 결과가 발생하지요. 만약 내가 한 일이 정말 심각한 결과를 낳는다면 협박을 받아들일 수도 있어요. 하지만 본인 생각에 자신의 행동이 협박을 받을 만큼은 아닌 것 같다면요? 그럴 때 협박이 얼마나 효과가 있을까요?"

사람들이 자신의 말을 이해하도록 강사는 잠시 기다렸다가 다시 물었다.

"명령과 설득과 협박, 여러분의 생각은 어떠세요?"

여러 명이 동시에 말하기 시작했다. 자신이 할 때도 있고 당할 때도 적지 않은 만큼, 팀장들은 이에 대해 하고 싶은 말이 많았다. 마침내 한 팀장이 다른 사람들을 제치고 말했다.

"제 얼굴에 달걀세례가 날아든 것 같네요. 바로 제가 그렇게 하고 있거든요. 저는 제가 좋아하는 사람이면 설득해서 행동을 바꾸게 하려고 해요. 만약 별로 안 좋아한다면 바로 명령을 하죠. 그리고 별로 신경 쓰지 않는 사람에게는 협박을 해요."

"그것들이 나쁘다면 어떻게 해야 하는 건가요?" 다른 팀장이 물었다.

상사 역할을 했던 팀장이 말했다.

"어떤 직원들은 강사님이 말한 '협박'을 해야 말이 통하거든요." 또 다른 팀장이 덧붙였다. "그저 월급만 받으려는 직원들도 있지 않습니까? 회사에 대해서는 전혀 관심도 없고요. 그런 사람들을 데리고 일을 하려면 솔직히 협박하는 수밖에는 없습니다."

"좋아요, 좋아요. 제가 졌습니다."

강사는 항복하는 것처럼 두 손을 들어 올리고는 회의실 중앙으로 걸어갔다. 강사는 모든 이들이 잘 들을 수 있도록 한 마디 한 마디에 힘을 실어 말했다.

"기억하세요. 행동을 변화시키는 것은 하나의 거대한 과정입니다. 때로는 아주 느린 과정이 될 수도 있어요. 그리고 물론 우리가 아무리 노력해도 전혀 효과가 없을 때도 있고요. 하지만 기억하셔야 할 것은, 관리자와 리더로서 우리의 의무는 우리가 구사할 수 있는 기법을 최대한 동원해야 한다는 점입니다."

강사는 잠시 생각을 정리하고는 설명을 계속했다.

"몇 년 동안 사람들을 대하면서 협조적인 사람들도, 별로 협조

적이지 못한 사람들도 봤습니다. 그들과의 경험을 토대로 저는 중간 수준의 개입에서 전면적인 수준의 개입으로 나아가는 피드백의 발전 단계를 개발했습니다. 이 과정의 첫 단계가 지지적 피드백의 사용이라는 것은 이미 아셨으리라 생각합니다. 그런데 만약 그게 아무 효과가 없다면 어떻게 해야 할까요?"

행동을 변화시키는 5단계

강사는 화이트보드 쪽으로 걸어가서 또 다른 포스터보드를 떼어냈다. 포스터보드에는 교정적 피드백의 단계가 정리되어 있었다. 강사가 화이트보드를 가리키며 설명했다.

"지지적 피드백에 대해서는 이야기를 했고, 이제 다른 단계에 대해서 살펴보도록 하지요. 명심하세요. 지지적 피드백에서 교정적 피드백으로의 변화는 대부분 하나의 과정에 모두 나타납니다. 난감한 상황에서는 특히나 그렇고요."

강사는 팀장들을 향해 한두 발자국 옮기면서 설명을 계속했다.

"행동을 변화시켜야겠다고 처음 감지했을 때는 일반적으로 지지적 피드백을 먼저 사용하는 것이 좋습니다. 저는 지지적 피드백만으로 문제를 해결하는 경우를 여러 번 보았습니다. 물론 이때 현 상황의 원인을 짚고 넘어가지 않는 문제가 있지만, 어떤 경우

> **행동을 변화시키는 5단계**
>
> 1. 우선 지지적 피드백을 사용한다.
> 2. 유도적 질문법을 사용한다.
> 3. 개선이 필요하다고 말한다.
> 4. 적절한 규율을 사용한다.
> 5. 한계선을 긋는다.

에는 효과를 보기도 합니다. 우리의 수업에서는 제리라는 영업 담당직원이 지지적 피드백만으로 행동을 바꾸는 것을 보았죠. 또한 이사님의 열두 살짜리 아드님이 최근에 방을 치우고 창문도 닦는다는 이야기를 들었습니다. 모두 지지적 피드백의 결과입니다."

강사는 표의 첫 번째 항목을 가리켰다.

"그러니까 만약 상황이 허락한다면, 교정 과정은 우선 여러분이 줄 수 있는 최고의 지지적 피드백으로 시작하세요. 그리고 나서 상당 시간이 지났는데도 효과가 없을 때 다음 단계로 넘어가는 거죠. 하지만 다시 한 번 강조하면, 다른 시도를 하기 전에 지지적 피드백만으로 행동을 변화시켰던 적이 한두 번이 아니라는 겁니다."

이어서 강사는 표의 두 번째 줄을 가리켰다.

"조금 이따가 팀장님들이 원하는 방향으로 상대방을 이끌어 행동을 바꾸도록 만드는 질문기술에 대해서 설명해드리겠습니다. 하지만 그 전에 우선 이 표에 있는 다음 단계들부터 설명하겠습니다. 어떤 때는 좋은 질문이 효과를 발휘하지 못할 경우도 있어요. 이런 상황에 처했을 때는 변화시켜야 할 것을 확실하게 말하는 편이 낫습니다. 그 기술부터 말씀드리죠."

강사는 어조를 조금 바꾸어 설명하기 시작했다.

"교정적 피드백에서 관리자나 부모들이 '규율'이라고 부르는 부분이 있어요. 기술적으로 볼 때, 규율이 곧 교정적 피드백이라고 볼 수 있습니다. 규율은 행동을 바꾸려고 하는 시도에서 비롯되기 때문이지요. 경험상 우리는 상황에 따라서 규율을 적용해야 할 때가 있다는 걸 압니다. 그렇게 하지 않으면 부정적인 결과가 발생하는 방만한 분위기가 만들어질 수 있어요. 아시겠지만, 방만한 분위기에서 부정적인 상황을 다루는 것은 규율이 섰을 때와는 전혀 다른 문제입니다."

강사는 표의 마지막 줄에 밑줄을 긋는 시늉을 하고는 덧붙였다.

"마지막 단계는 한계선을 긋는 거예요. 이 수업이 규율을 어떻게 적용하느냐에 대한 것은 아니지만, 이것만은 말씀드릴게요. 마지막 단계를 사용하는 가장 좋은 방법은 상대방에게 '내가 할 수 있는 건 다 했다. 당신이 문제를 즉시 고치지 않으면 이제 내가 할 수 있는 것은 한 가지밖에 없다'라고 말하는 것입니다. 그러고는 상대방이 그 마지막 한 가지가 과연 무엇일까 고민하게 놔두세요. 직원 스스로 어떤 벌을 받을까 생각하게 하는 것이 내가 실제로 의도한 것보다 훨씬 더 나은 결과를 가져올 수 있거든요.

다시 한 번 정리해드리죠. 효과적으로 의사소통을 하는 사람들은 항상 처음에는 지지적 피드백을 사용합니다. 이사님이 아이들의 방에 대한 숙제에서 했듯이요. 만약 그게 효과가 없다면, 교정적 피드백의 한 단계를 사용하는 것이 적절합니다. 그리고 교정적 피드백도 아무 소용이 없다고 한다면 그때 비로소 규율을 적용해야 합니다."

이사가 뭔가를 골똘히 생각하는 듯했다. 이사의 표정을 읽고 강사가 말했다.

"이사님 얼굴을 보니까 뭔가 의견이 있으신 것 같은데요."

"네, 사실 그렇습니다. 만약 지지적 피드백이나 교정적 피드백, 그리고 규율이 그렇게 밀접하게 연관되어 있다면, 세 가지 모두 우리 회사의 단계적 규율 정책에 포함되어야 하지 않을까 해서요."

"이사님 생각은 어떠신데요?"

"생각 좀 해봐야겠습니다." 이사가 말했다.

"진지하게 고민해보시기 바랍니다." 강사가 대답했다.

"하지만 제가 만난 중역들은 거의 그런 생각을 안 하시더라고요."

팀장들을 향해 돌아선 강사는 또 다른 포스터보드가 붙어 있는 화이트보드로 걸어갔다. 강사가 포스터보드를 떼어내자 새로운

> **긍정적·부정적 행동에 따른 반응**
>
> 긍정적 행동 → 긍정적 성과 → 긍정적 결과 → 지지적 피드백
> 부정적 행동 → 부정적 성과 → 부정적 결과 → 교정적 피드백

공식이 나타났다.

"여러분은 일반적으로 피드백이 적용되는 방식을 이해하셔야 합니다. 그래야 언제 지지적 피드백을 사용할지, 언제 교정적 피드백을 사용할지 알 수 있으니까요. 이게 제가 예전에 그 차이점을 이해하는 데 도움이 되었던 표예요."

강사가 팀장들을 향해 말했다.

"어떤 행동을 지지하거나 교정해야 하는 이유는 행동이 성과를 가져오고, 성과가 결과를 가져오기 때문이에요. 그 과정은 이런 식으로 진행되지요."

강사는 포스터보드의 윗줄을 가리키면서 말했다.

"긍정적인 행동은 긍정적인 성과를 가져오고, 다시 긍정적인 결과를 가져옵니다. 그러면 이때 지지적 피드백을 받아야 합니다. 그러지 않으면 그 행동은 반복되지 않겠죠."

강사는 아랫줄로 옮기면서 덧붙였다.

"부정적인 행동은 부정적인 성과를 가져오고, 그렇게 되면 부정적인 결과가 나타나겠죠. 그러면 교정적 피드백을 받아야 합니다."

강사는 아까의 표를 손으로 가리키면서 수업을 마무리 했다.

"지지적 피드백이 효과가 없다면 교정적 피드백으로 옮겨야 해요. 만약 교정적 피드백도 효과가 없다, 그러면 적절한 수준의 규율로 한계선을 그어야 하죠. 시간이 지나면 언제 어떤 유형의 피드백을 줘야 하는지 잘 판단할 수 있게 될 거예요. 그렇게 되기 전에는 그냥 최선을 다하세요."

휴식시간에 일어난 일

휴식시간 동안 스콧은 강사에게 다가갔다. 이번에는 강사가 먼저 말을 건넸다.

"서서 수업하려니까 발이 너무 아파요. 스콧 씨가 휴식시간에 서 있는 동안 저는 좀 앉아 있을게요."

스콧은 빙긋이 웃으며 말했다. "전화랑 이메일로 이야기한 걸 수업으로 다시 들으니까 이해가 더 쉽습니다."

"제리 씨에게는 지지적 피드백을 주는 게 맞는 답이었어요. 그렇지만 그게 효과가 없을 가능성도 약간은 있었죠. 그건 사람마다 다르기 때문에 효과가 있을 것이라고 장담할 수 없거든요."

강사는 자기 앞에 서 있는 스콧을 다시 한 번 바라보면서 물었다.

"댁에서의 특별 과제는 어떻게 되었나요?"

"사과하는 거 말씀이시죠. 제리를 통해서 배운 걸 아내에게도 썼습니다. 저녁에 외식을 하러 갔어요. 뭔가 중요한 말을 하려고 할 때는 식사가 가장 효과적이거든요. 분위기도 적당히 무르익고 해서 제가 한 일에 대해서 아내에게 사과하고 앞으로는 훨씬 더 잘하겠다고 약속했습니다."

"사모님의 반응은 어땠어요?"

"아내의 반응을 설명하는 가장 좋은 말은 아마도 '반신반의'일 겁니다. 그렇지만 그날 이후 확실히 최근 몇 년보다 좋아지긴 했어요. 그 3단계 괜찮던데요. 비판을 멈추고, 지지적 피드백을 늘리고, 적절한 시기에 사과하라. 이 3단계가 제 결혼생활은 물론 아이들과의 관계를 지켜주었는지도 몰라요. 제리와의 일은 말할 것도 없고요. 고맙습니다."

"천만에요. 좋은 소식을 들으니 저도 기쁘네요."

여전히 미소를 지으면서 스콧이 말했다.

"몇 주 전에 집에서도 포기하지 말고 계속 피드백을 주라고 하셨잖아요. 그래서 저도 포기하지 않았지요. 멈추지 않고 계속 하는 것이 중요하다는 것도 배웠습니다."

자리에서 일어서면서 강사가 말했다. "좋은 말씀이네요."

간식을 먹으러 가다 말고 스콧은 뒤를 돌아 강사를 바라보면서 말했다.

"피드백 주셔서 고맙습니다. 피드백 박사님."

눈썹을 찡끗 올리면서 강사가 웃었다.

질문도 피드백이 된다고?

휴식시간이 지나가고 강사는 수업을 다시 진행하기 시작했다.

"아까 한 역할극으로 명령과 설득, 협박이 행동을 변화시키는 데 별 도움이 못 된다는 것을 아셨을 거예요. 잠시 후에 단정적인 말을 하는 방법에 대해서 이야기해볼 텐데요. 그 전에 아까 말했던 상대방을 변화시키는 유도적 질문법에 대해 먼저 살펴보겠습니다. 개인적으로 제가 가장 좋아하는 방법이기도 합니다."

강사는 이사의 맞은편에 의자를 하나 더 가져다놓았다. 그러고는 거기에 앉더니 이사를 가리키면서 말했다.

"제 열일곱 살짜리 아들을 소개해드리죠. 이름은 주니어라고 할게요. 이름처럼 생겼으니까요."

이번에는 자신을 소개했다. "그리고 주니어의 아버지도 소개해드리죠. 바로 접니다."

키득거리는 소리가 여기저기에서 들렸다.

강사는 이사를 바라보며 설명했다.

"이제부터 저와 함께 역할극을 하시는 거예요. 이사님이 아드님 역할을 하고, 제가 이사님 역할을 할게요. 저는 지지적 피드백을 최대한 주었는데 하나도 효과가 없었어요. 그래서 이제 아들의 행동을 바꾸기 위해 교정적 피드백의 일환으로 유도적인 질문의 기술을 사용하려고 해요. 주제는 아들의 미래입니다. 아들은 커서 뭐가 될지 아직 결정하지 못한 상태인데, 제가 보기에는 쓸데없는 일들만 하는 것 같아요. 그래서 아들이 미래에 대한 계획이 없을까 봐 아버지가 염려하는 상황이에요."

강사는 뒤돌아서서 팀장들을 바라보며 덧붙였다.

"우리가 역할극을 하는 동안 여러분은 제가 질문을 어떻게 하는지 유심히 살펴보시기 바랍니다. 유도적인 질문이 행동을 어떻게 변화시키는지 잘 보세요."

강사가 다시 주니어를 바라보면서 역할극을 시작했다.

"나랑 피자 먹으러 와줘서 고맙다. 너랑 중요하게 할 말이 있어서 말이야. 이 아빠는 네 인생의 방향이 제대로 잡혀 있는 것 같지 않아서 좀 걱정이란다. 벌써 열일곱 살이고 몇 달 후면 고등학교도 졸업하잖니. 지금부터 1년 후에는 뭘 하고 싶니?"

"나도 몰라요."

수백 번은 들어본 말인 듯, '주니어'가 바로 대답했다. 자기 아이들에게서 같은 대답을 들어본 팀장들은 또다시 키득거렸다.

그런 대답에 전혀 개의치 않는 듯 강사는 계속 질문했다.

"내 생각에는 네가 알고 있는 것 같은데. 넌 친구들과 어울리고, 컴퓨터를 가지고 뭘 만들거나 게임하는 것을 좋아하지? 너도 네가 뭘 좋아하고 좋아하지 않는지 알 거야. 그러니까 '내년에는 뭘 하고 있을 것이다'라는 생각을 해봤을 것 같은데. 난 너를 존중하니까 네 생각도 존중해. 내년에는 뭘 하고 있었으면 좋겠어?"

"학교에 다니겠죠, 뭐."

"학교에 다닌다…… 그거 좋은 대답이네. 그럼 앞으로 5년 후에는 뭘 하고 싶지?"

"5년 후라면 대학교를 졸업하겠네요."

"그건 네가 어떤 상태일지를 말하는 것이고, 5년 후에 무엇을 하고 싶은지 말해주지 않을래?"

이사는 방 안의 다른 팀장들을 둘러보더니 짓궂게 물었다.

"이번에도 '몰라요'라고 대답하면 안 되겠지?"

"맞아요." 강사가 재빨리 대답했다.

이사는 다시 주니어 역으로 돌아가서 말했다.

"제 친구들 중에는 자기가 뭘 하고 싶어 하는지 정확하게 아는 애들도 있어요. 그런데 전 잘 모르겠어요. 아마 컴퓨터와 연관된 일이겠죠."

"친구들 중에는 벌써 방향을 잡아놓은 애들이 있다고! 너는 아직 결정을 못했는데, 무엇을 하고 싶은지 이미 알고 있는 친구들을 보면 기분이 어때?"

"짜증나죠."

"아직 모르는 것에 대해 짜증이 나나 보구나. 하지만 만약 오늘 당장 선택해야 한다면, 컴퓨터 분야가 되겠지?"

"아마도요."

"어떤 사람들은 문제의 해법을 앞에 두고도 혼란을 느끼는 경우가 있어. 해법의 세부사항을 알 수 없는 경우에 특히 그렇지. 네가 진로를 결정하는 데 어려움을 겪는 것도 어떤 면으로는 컴퓨터 분야가 너무 광범위하고 복잡해서인지도 몰라. 내 말이 맞는 것 같니?"

"뭐, 광범위하긴 하죠. 그리고 저도 제가 시스템 쪽에서 일하고 싶은지, 프로그래밍을 하고 싶은 건지, 아니면 다른 걸 하고 싶은 건지 확실히 모르겠어요. 그냥 모르겠어요."

"내 말이 그거야. 나도 마찬가지로 헷갈렸을 거야. 사람들이 대부분 그래."

자신의 역할에 몰입한 강사가 의자를 앞으로 당기고는 진지하게 말했다.

"지금 질문은 한 시간도 수업을 받지 않은 신입생이 전문 분야를 결정하는 것이 옳은가 하는 건데, 이런 경우 어떻게 생각해?"

"그것에 대해서는 생각해본 적이 없는데요. 아마 그렇게 하면 안 될 것 같아요."

"그래, 당연히 그렇게 해서는 안 되지. 그러니 일단은 컴퓨터 관련 일이라고만 해두자. 그러니까 5년 후에 컴퓨터 방면 학위를 받고 졸업하고 싶고, 지금부터 1년 후에는 학교에서 공부하고 있겠다……. 그런 목표를 달성하기 위해서 이번 주, 그리고 이번 달에는 무엇을 해야 할까?"

"졸업 준비하고 대학에 원서를 넣어야겠지요."

"바로 그거야. 내가 뭐 도와줄 거 없을까?"

스스로 변화하게 만들려면

강사가 자리에서 일어나면서 역할극은 끝났다.

"와!" 그녀가 말했다.

"여기 배우가 또 한 분 계셨네요."

이사가 덧붙였다. "연기가 아니라 생활이니까 그렇죠. 안 그래도 회사 그만두고 학교에서 상담교사로 활동해볼까 생각중입니다."

"어떤 학교인지 이사님 오신다고 경고해놔야겠는데요." 한 팀장이 웃으면서 소리쳤다.

강사는 사람들이 서로 긴장감 없이 대하는 것이 좋았다. 팀장들이 악의 없는 농담이나 솔직한 느낌을 거리낌 없이 이야기하는 것은 팀의 응집력을 보여주는 한 단면이기 때문이다. 강사는 웃음을 머금은 채 물었다.

"주니어와 아버지 이야기로 돌아가죠. 아들의 행동을 바꾸기 위해 제가 사용한 기술이 뭐였지요?"

"질문을 많이 하셨습니다." 스콧이 대답했다.

"그러면 아까 같은 대화에서 질문이 한 역할은 무엇일까요?"

"또 질문을 하시네요." 한 팀장이 말했다.

"그렇네요, 호호. 행동을 변화시키려고 할 때 질문의 목적은 무엇이었을까요?"

"또 질문이네요."

스콧이 말했다.

"강사님이 한 질문은 상황을 많이 제어하는 것 같았습니다. 그래서 보이지 않게 대화의 방향을 이끌어나가는 것처럼 들렸습니다. 그리고 상대방이 말하게끔 유도하고요."

강사는 팀장들을 바라보면서 물었다.

"제가 직원들에게 문제 상황에 대해 설명하라고 한다면, 그 문제에 대해 심리적으로 주도권을 쥐고 있는 사람은 누가 될까요? 저일까요, 아니면 직원일까요?"

"직원이오." 한 팀장이 대답했다.

"그러면 제가 직원이 문제를 자발적으로 해결하게끔 유도하는 질문을 던진다면 해결책은 누구 것이 되죠?"

"직원이죠." 아까 대답했던 팀장이 다시 대답했다.

"그런데 만약 제가 문제와 해결책에 대해 직원에게 명령하고 설득하려고 한다면, 심리적인 주도권은 누구에게 있게 되나요?"

"강사님이죠." 같은 팀장이 또 대답했다.

"방금 전 그 역할극에서 대화를 이끌어나간 사람은 누구였지요?" 강사가 물었다.

"강사님입니다. 강사님의 질문이 방향을 제시했습니다."

"맞아요. 항상 질문하는 사람이 대화의 방향을 이끌어나간다는 점을 기억하세요. 그런 뜻에서 이 기술을 '유도적 질문법'이라고 부르는 겁니다. 그렇다면 1년 후와 5년 후에 대한 질문은 어떤 목적을 띠고 있었죠?"

이번에는 스콧이 대답했다.

"주니어가 오늘 당장의 문제에서 벗어나서 미래에 뭘 하고 싶은지 생각하도록 했습니다."

"확실히 그랬지요. 그런데 이게 방을 깨끗하게 청소하는 것과 무슨 관련이 있을까요?"

아무도 대답하지 않았다. 다들 약간 생뚱맞다는 표정이었다, 회의실 안에는 에어컨디셔너 돌아가는 소리밖에 들리지 않았다. 아무도 입을 열지 않자 강사가 말했다.

"혼란스럽고 지저분한 공간은 사람이 자신에 대해 갖고 있는 인식을 반영하는 경우가 많아요. 주니어가 그랬던 것처럼, 미래에 대해 확신이 없는데 방이 깨끗하든 아니든 무슨 관심이 있겠어요? 주니어가 적성을 발견하고 자신에 대해 깊이 인식할 때 자기 방의 방향성도 찾을 것이라는 데 아이스크림 하나 걸죠. 주니어가 부모님으로부터 지속적으로 지지적 피드백을 받는다면 그렇게 될 가능성이 더 커질 겁니다. 그러니까 유리창 클리너는 찾기 쉬운 곳에 두도록 하세요."

때로 단호함도 필요하다

강사가 테이블 밑으로 손을 뻗어 포스터보드를 하나 더 꺼냈다. "벽이 다 차서 이건 미처 달지 못했어요."

강사는 새 보드를 앞쪽 벽에 붙이고는 사람들을 바라보았다.

"지지적 피드백이나 질문으로도 원하는 변화를 이끌어내지 못

행동을 교정하기 위한 단정적 발언

1. 특정 행동을 설명한다.
2. 행동의 결과를 설명한다.
3. 행동에 대해서 어떻게 느끼는지 설명한다.
4. 왜 그렇게 느꼈는지 설명한다.
5. 무엇을 변화시켜야 할지 설명한다.

하는 경우도 있어요. 어떤 사람들은 아주 꽉 막혔거든요. 또 너무 심각하고 감정이 격해진 상황도 있고요. 어떤 때는 계획대로 진행되지 않기도 하죠. 이유가 무엇이든 간에 그런 상황에서는 좀 더 효과가 강한 직접적인 기술이 필요해요. 다른 것들은 소용없을 때 이 마지막 기술이 통하는 상황을 본 적이 있어요. 아마 여러분은 이게 전에 배운 지지적 피드백 전략과 아주 비슷하다고 느낄 겁니다."

강사는 이사의 앞 쪽으로 걸어가서 좀 전에 앉았던 의자를 옆으로 밀었다. 그러고는 이사를 내려다보면서 말했다.

"주니어, 몇 년 동안 우리는 네 방을 그냥 보고만 있었어. 방바닥에는 항상 더러운 옷이며 음식물 포장들이 널려 있더라. 아주 오랫동안 청소를 안 한 것 같던데. 이제는 이렇게 쓰레기에 둘러싸여 살다가 네 삶도 그렇게 되지는 않을까 걱정이다. 솔직히 말하면 누가 네 방을 볼까봐 무섭구나. 누가 보면 우리 집이 다 그렇다고 생각하지 않겠니? 방 좀 청소했으면 좋겠다. 얘야, 내가 도와줄 건 없겠니?"

말을 마치고 나서 강사가 다른 팀장들을 향해 물었다.

"어떻게 생각하세요? 효과가 있을까요?"

이사가 대답했다. "저는 질문하는 기술이 더 좋습니다. 제 생각에 주니어는 명령받는 것보다는 질문 받는 것에 더 잘 반응할 것 같습니다."

"좋은 말씀이네요. 다른 의견 없으신가요?"

다른 팀장이 말했다.

"저도 주니어가 유도적인 질문을 받을 때 더 잘 반응할 것 같긴 합니다. 그런데 강사님이 방금 하신 건 다른 게 다 실패했을 때 사용하는 마지막 기술 같습니다. 명령을 해야 하는 직원들과 몇 년간 같이 일하고 있는데, 어떻게 하면 강사님처럼 그 사람들에게 단호하게 말하는지 알고 싶습니다. 아무래도 교정적 피드백이 제가 그동안 써먹은 협박보다는 효과가 더 좋을 것 같아서요."

"바로 그거예요." 강사가 말했다.

"교정적 피드백을 주는 방법에 능통해야 상황에 따라 다양하게 활용할 수 있어요. 그리고 응용을 잘해야 더 능력 있는 사람이 될 수 있겠죠? 가정에서든, 직장에서든요."

잠시 후 수업이 끝났다. 스콧이 회의실을 나가는데 강사가 그를 불렀다. "과제가 어떻게 진행되는지 듣고 싶은데요."

스콧은 강사의 말뜻을 알아듣고는 고개를 끄덕였다.

09

스콧의 이야기

아홉

사람과 사람을 잇는 다리

"지금은 사람들을 대하는 방식이 많이 달라졌다고
감히 말씀드릴 수 있습니다.
언제 어떻게 사람들의 행동을 격려해야 하는지 알게 되었고,
언제 어떻게 교정해야 할지도 알게 되었습니다.
피드백이 저와 여러분을 이어주는 다리라는 것을 잊지 않고 있습니다."

'갑자기 왜 부르시지?'

스콧은 무엇이 잘못되었는지 의아했다. 이사는 이른바 '현장순회 리더십 leading by walking around'을 실행하고 있었다. 그는 직원들을 자기 사무실로 부르기보다는 직원들의 업무 공간을 찾아다니면서 가능한 많은 직원과 대화하려고 했다. 이사는 회사 중역의 사무실에서는 솔직한 대화를 하기 어렵다고 생각했다. 스콧도 그것이 좋은 생각이라고 여겨 한동안 이사의 행동을 따라 한 적도 있었다. 그래서 이사의 방으로 빨리 오라는 메시지를 받았을 때, 스콧은 매우 걱정이 되었다.

엘리베이터가 좀처럼 내려오지 않자 마음이 급해진 스콧은 계단을 이용하기로 했다. 계단을 뛰어 올라가면서 그는 아내의 휴대폰으로 전화를 했다. 다섯 번째 벨이 울리고 아내가 전화를 받을 때까지 스콧은 거의 제정신이 아니었다. 하지만 아내는 집에 아무 일도 없다고 했다. 그렇다면 집과 관련된 문제는 아니었다. 잘못될 게 뭐가 있지? 스콧은 전혀 감을 잡을 수가 없었다.

정신없이 뛰어서 이사의 집무실이 있는 5층에 다다른 순간, 스콧은 자신이 이사실의 인테리어를 얼마나 좋아하는지 생각났다. 물론 스콧이 일하는 3층의 인테리어가 엉망인 것은 아니었다. 하지만 5층의 가구나 색깔 배치는 3층에 비할 바 아니었다. 특히 커다란 창문을 통해 들어오는 전망은 놀라웠다. 회사 뒤쪽으로 빽빽한 숲이 펼쳐져 있어서 5층에 고요함을 더해주고 있었.

스콧이 이사의 집무실에 도착하자 비서가 인사했다.

"바로 들어가세요, 팀장님. 모두 기다리고 계십니다."

'모두 나를 기다리고 있다? 누가 나를 기다린다는 거지?'

스콧의 궁금증은 더욱 커졌다.

방으로 들어가자 둥근 테이블에 이사와 피드백 강사가 앉아 있는 것이 보였다. 테이블 위에 서류들이 흩어져 있는 걸로 보아 무언가 논의하고 있었던 것 같았다.

"어서 오게, 스콧. 자네의 도움이 필요해서."

이사가 말했다. "여기 앉지."

강사도 싱긋 웃으며 인사했다. "다시 뵙게 돼서 반갑습니다. 이메일로 근황을 계속 알려주셔서 고마워요. 강의가 한 달이나 비어서 어떻게 지내시나 궁금할 때마다 스콧 씨의 이메일을 보면서 지내고 있어요."

강사는 잠시 말을 멈추었다가 다시 물었다. "따님하고는 어떠세요?"

스콧은 작은 테이블 옆의 빈 의자에 앉으면서 이사를 흘끗 쳐다보았다. 이사가 자신의 가족 문제에 대해 얼마나 알고 있는지 몰라서 조심스러웠다. 스콧이 불편해하는 걸 눈치 챈 강사는 재빨리 부연 설명을 했다. "스콧 씨에게 열 살짜리 따님이 있는데, 그 따님과의 관계에 대해 저하고 몇 번 대화를 나눈 적이 있습니다."

"잘하셨습니다." 이사가 말했다.

"그래, 이제 딸하고 어떻게 지내는가?"

스콧은 자신이 좀 더 나은 피드백을 주려고 노력했지만 처음에는 아무 반응도 없었다는 말로 설명을 시작했다.

"그런데 제가 딸에게 주는 피드백의 균형을 맞추니까 상황이 조금씩 나아졌습니다."

스콧은 강사를 보고 "저에게 해보라고 했던 세 가지가 상황을 바꿔놓았습니다"라고 알려주었다.

강사는 잠깐 동안 스콧을 바라보았다. 무언가 생각하는 눈치였다. "그럼 지금은 어떠세요?"

"이야기도 하고요. 이것저것 같이하기 시작했습니다. 저는 듣는 편이고, 딸이 자기 일에 저를 끼워주기 시작했습니다. 무엇보다도 중요한 건 우리 딸이 웃는 것을 보았다는 것입니다. 아직도 제가 원하는 정도는 아니지만요. 강사님께서도 말씀하셨듯이 제가 10년 동안 망가뜨린 걸 수리하려면 시간이 좀 걸리겠지요. 도와주셔서 정말 감사합니다."

"정말 잘 되었군, 스콧." 이사가 말했다.

"이 과정을 시작할 때 말했듯이, 누군가의 집안 문제를 도와줄 수 있다면 직장에서도 도움을 줄 수 있을 거라고 했잖은가. 자네와 자네의 딸이 잘 지낸다는 것을 들으니 정말 기쁘네."

축하 인사를 건넨 이사는 곧 화제를 바꾸었다.

"스콧, 다음 주면 피드백에 대한 1차 교육이 끝나네. 나는 우리 회사에 근무하는 관리자급 직원들은 누구나 피드백에 대한 교육을 받았으면 하네. 그래서 말인데, 자네가 다음 그룹의 사회자가 되어서 교육을 진행해줬으면 하는데."

이게 바로 스콧이 5층의 이사실로 불려온 이유였다. 자신의 상상력에 불안감이 더해져 가장 나쁜 상황을 예측했지만, 사실은 좋은 소식이 기다리고 있었다. 그러나 스콧은 이사의 말뜻을 한 번에 이해하지 못했다. 그래서 당황스러운 표정을 지으면 물었다. "사회자라니, 무슨 말씀이신지……."

"지금 수업에서 내가 하고 있는 역할이 사회자야. 그러니까 그냥 강사를 소개하고 사람들이 수업을 들으면서 잘 배우고 있는지만 확인하면 되네. 물론 과제를 몇 개 받을 수도 있어. 내가 받았던 것처럼."

"꼭 하고 싶습니다. 제가 사회를 잘 볼 수 있다고 믿어주셔서 감사합니다."

미소를 지으면서 고개를 끄덕이고는 강사가 말했다.

"스콧 씨는 잘하실 거예요. 스콧 씨가 긍정적 피드백의 힘을 얼마나 잘 이해했는지 지켜보는 것도 개인적으로 뿌듯했습니다."

이사도 동의한다는 듯이 고개를 끄덕였다.

"나도 그렇게 생각하네. 자네가 잘 진행할 거라는 건 의심할 여지도 없어. 이건 우리가 논의해서 정리한 참가자 명단이네. 한번 훑어보게나. 일정을 비교해보고 나서 다음 수업에 누굴 포함시킬지 그리고 언제 첫 수업을 하고 싶은지 알려주게."

스콧이 사무실을 나갈 때, 이사가 웃으면서 물었다.

"그건 그렇고, 첫 시간에 안내 데스크에는 누구를 보낼 건가?"

스콧은 강사를 향해 미소를 지으며 대답했다.

"아, 그 지긋지긋한 봉투요! 뭐, 그런 대로 제게는 효과가 있었습니다만."

스콧이 있어 좋은 회사

이번에도 계단으로 내려가면서, 스콧은 강사에게 했던 말을 되

넘어 보았다.

"제게는 효과가 있었습니다."

그래, 효과가 있었다. 이제 많은 일들이 전보다 훨씬 더 잘되어 가고 있었다. 지지적 피드백과 교정적 피드백을 효과적으로 사용하고, 무의미한 피드백은 줄이고 학대적 피드백을 하지 않았기 때문에 가능한 일인 것 같았다.

스콧이 4층에 내려섰을 때, 문득 이런 생각이 들었다.

'봉투 말이 나왔으니 말인데, 내가 할 것이 있군. 몇 분이면 될 거야.' 그는 혼잣말을 하며 씩 웃었다.

이번 주 초에, 스콧이 처음 보는 신입사원이 4층으로 잘못 배달된 우편물을 가지고 온 적이 있었다. 보낸 사람이 봉투에 잘못 쓴 것을 우편실에서도 잘못 배달해서 스콧이 기다리던 아주 중요한 정보가 늦게 도착한 것이었다. 스콧은 우편실 관리자에게 세 번이나 전화해서 우편물에 대해 물어보았지만 찾을 수 없었다.

그런 어느 날 4층의 신입사원이 스콧의 책상으로 와서 조심스럽게 말을 붙였다.

"실례합니다, 팀장님. 귀찮게 해드리고 싶지 않은데……. 제가 사람들에게 물어보니 이게 팀장님께서 찾고 계신 우편물이 아닌가 해서요. 실수로 4층으로 잘못 배달된 것 같은데 혹시 팀장님의 우편물이 아닌가요?"

신입사원이 주의 깊게 본 덕분에 스콧은 하마터면 큰 비용이

들 뻔한 상황을 피해갈 수 있었다. 스콧은 그에게 우편물을 가져다주어서 정말 고맙다고 이야기하긴 했지만 그게 다였다. 하지만 이제는 피드백이 다른 사람의 삶에도 영향을 줄 수 있다는 사실을 알고 있었다.

　스콧이 4층 모퉁이를 돌았을 때 마침 신입사원과 그의 상사가 걸어오고 있었다. 스콧은 진심을 담아 인사했다.

　"생각해보니 내가 그때 너무 무성의하게 말한 것 같아서, 자네가 신경 써준 덕분에 나와 우리 회사가 얼마나 도움을 받았는지 알려주고 싶어서 왔네. 신입사원이면서도 사라진 우편물에 대해 주의 깊게 듣고 계속 주시해서 찾아봤다니 정말 대단해. 찾고 나서는 나한테 직접 가져오고 말이야. 자네가 세세한 것까지 놓치지 않아서, 하마터면 비용이 많이 들 뻔한 일이 무사히 넘어갔어. 우리가 이렇게 끈기 있는 사람을 고용했다니 정말 기분이 좋네. 이건 우리 회사가 더 강해질 수 있는 밑거름이거든. 정말 고맙네."

　신입사원은 스콧의 사려 깊은 마음에 감사를 전했다. 하지만 진정한 효과는 몇 시간 후에 나타났다. 그 신입사원의 상사가 스콧에게 전화해서 이렇게 말했다.

　"우리 직원이 팀장님 말씀에 얼마나 놀랐는지 아세요? 그 친구가 저에게 우리 회사는 정말 일하기 좋은 곳이라고 하더군요. 말단사원이 한 일을 칭찬하기 위해 팀장이 일부러 시간 내서 찾아오니 말이에요. 기껏해야 우편물 찾아줘서 고맙다는 말이나 들을 줄 알았는데, 다른 칭찬까지 하실 줄은 꿈에도 생각 못한 것 같았습니다. 안 그래도 그 친구가 이전 회사를 그만둔 이유가 제대로 인정받지 못했기 때문이었거든요."

따뜻한 대화가 인간관계를 바꾼다

며칠 후 스콧이 복도를 걸어갈 때 누군가 그의 이름을 불렀다. 뒤돌아보니 이혼의 아픔을 겪고 있는 스콧의 동료가 서 있었다. 스콧은 약간 바빴지만 이 동료에게 잠시 시간을 내야겠다고 생각했다.

"오랜만이야. 잘 지내?" 악수를 하고 서로의 안부를 물은 후 스콧이 물었다.

"아들하고는 좀 어때?"

"전이랑 비슷해. 단지 우리가 배운 긍정적 피드백을 사용하려고 노력하는 것만 빼고는. 조금씩 좋아지는 것 같기는 한데, 아직 확실하게 말하기는 어려워. 그건 그렇고, 지난번에 격려해줘서 고마워."

"도움이 되었다면 다행이고, 격주로밖에 아들을 볼 수 없다니 안됐어. 아들이 자네에게 얼마나 중요한 존재인지 알아."

감정이 북받쳐오는 듯, 팀장은 아주 잠깐 바닥을 내려다보다가 다시 스콧을 바라보고 고개를 끄덕였다.

"이번 교육에서 참 많은 것을 배웠어. 이제 한 시간 밖에는 안 남았지 아마. 이번에도 배울 게 많겠지."

스콧이 뭔가 생각난 듯이 말했다.

"회사에서 피드백에 대한 교육을 다른 직원들에게도 하려고 해. 다음번에는 나더러 진행하라고 하더라고. 이미 교육을 받긴 했지만, 또 들어도 나쁠 것 없잖아? 자네가 다시 들었으면 좋겠어."

"그래, 생각해볼게. 시간이 되는지 먼저 보고. 지난달에 이혼 문제를 상담한 적이 있는데, 그 상담사도 자네와 비슷한 말을 하더라고. 상담사 말이 내가 스스로에게 긍정적인 말을 잘 못한다는 거야. 예를 들면 '나는 좋은 사람이다, 그리고 지금 내가 가고자 하는 길은 문제가 없다' 같은 것 말이야. 피드백에 대해서 배우고 나니까, 긍정적으로 자신과 대화하는 건 결국 자신에게 긍정적인 피드백을 주는 것과 같더라고. 그렇지 않아?"

스콧은 처음 듣는 이야기였지만 맞는 말인 것 같았다.

"자네 말이 맞는 것 같아. 사람들이 다른 사람에게 피드백을 줄 수 있다면, 자신에게도 스스로 피드백을 줄 수 있겠지."

"상담이 끝날 즈음 상담사가 이미 일어난 일에 대해 내가 너무 죄책감을 갖고 있어서 스스로를 비난한다고 하더라고. 스스로에게 하는 말이 부정적이어서 긍정적인 방향으로 바꿔야 한다는 거야. 그 상담사가 '긍정적인 생각은 긍정적인 행동을 이끌고, 부정적인 생각은 부정적인 행동을 끌어낸다'고 설명해주었는데, 우리 강의시간에 배운 내용과 비슷해."

피드백 교육시간에는 자신과의 대화self-talk에 대해 들은 적이 없었지만, 스콧은 이 친구가 방금 말한 내용이 중요하다는 것을 깨달았다. 여러 가지 생각들이 스콧을 스쳐 지나갔다. 몇 개월 전 자신의 삶이 지금과는 얼마나 달랐는지 하는 생각도. 그는 모든 상황이 엉망이던 때를 떠올렸다. 제대로 돌아가는 일들보다 뭔가 문제가 있는 일들이 더 많은 시절이었다. 지난 몇 달간 스콧을 둘러싼 많은 것들이 변화했다. 좋은 쪽으로.

"맞아." 스콧이 친구에게 말했다.

"스스로에게도 피드백을 줄 수 있지. 그리고 긍정적 피드백이든 학대적 피드백이든 앞으로의 행동에 영향을 줄 거야. 피드백은 행동으로 직결되게 마련이니까."

"충고해줘서 고마워." 친구가 말했다.

"이제는 꼭 강사처럼 말하네! 그럼 내 질문에도 대답해줄 수 있겠지? 사실 아들이 주말에 올 때마다 지지적 피드백을 사용해왔는데, 뭔가 잘못된 것 같아. 아직도 별로 친해지지 못했거든. 우린 관심사가 너무 달라서 그런지 그 녀석은 집에 오면 나를 마치 처음 보는 사람처럼 대해. 피드백이 도움이 되긴 하는 것 같은데, 뭔가 빠진 것 같아."

스콧은 방금 전 들은 이야기를 이해할 수 있었다. 그건 자신과 딸 사이에 있었던 문제와 비슷해 보였다.

"우리 딸하고의 문제를 해결하면서 배운 건데, 딸이 좋아하는 것들에 나도 관심을 가져야 한대. 딸에게 내가 하고 싶은 것만 이야기하고, 내가 하고 싶은 일에만 관심을 가져달라고 할 수는 없잖아. 자네 아들하고도 마찬가지인 것 같아. 아들이 뒤뜰에서 공놀이를 하고 싶어 한다면, 서로의 관계를 위해 기꺼이 시간을 투자해야 해. 그러니까 아들이 이야기하고 싶어 하는 것이 무엇이든, 그게 나의 우선순위가 되어야 한다는 거지. 자네도 아들과의 관계를 개선하고 싶으면 아들이 관심을 보이는 일을 해야 돼. 그건 여기 회사에서 직원들하고도 마찬가지지."

"우리 아들은 비디오 게임만 하려고 해. 그래서 그 녀석이 집에 오면 하라고 좋은 것을 사놓았어."

스콧도 비슷한 상황에 놓인 적이 있어서 다시 친구에게 물었다.

"그 비디오 게임, 혼자 하는 거야, 아니면 둘이 할 수 있어?"

"둘이 할 수 있긴 한데, 애들 게임은 하고 싶지 않아서. 난 컴퓨터 게임도 안 좋아하거든."

"자네가 애들 게임을 좋아하든 말든 그건 중요한 게 아냐. 아이들에게 피드백을 줄 수 있는 가장 좋은 시간은 자네 수준이 아니라 아이들 수준에 맞춰서 같이 놀아줄 때거든. 그러니까 자네의 피드백이 아들에게 강력한 영향력을 발휘하려면, 조이스틱 하나 붙잡고 아들하고 같이 게임을 해봐. 그러면 자네가 좋아하는 면을 칭찬하고 개선되어야 할 점은 교정할 수 있는 기회가 생길 거야. 아들이 하고 싶은 것을 하는 데 시간을 투자하면, 아들도 자네가 바라는 것을 같이하려고 할 거야."

"그렇게 생각해?"

"그럼! 우리 아이들하고, 아내하고, 직원들하고도 같은 상황을 겪어보았는걸. 믿어봐."

충고는 부드럽고 단호하게

스콧은 제리와의 약속을 지킬 시점이라는 것을 깨달았다. 몇 달 전에 스콧은 제리에게 적절할 때 격려해주고 교정이 필요할 때 말해주겠다고 약속했다. 그리고 약속한 뒤로 그는 그 약속을 지켜왔다. 그런데 얼마 전에 제리에게 교정적 피드백을 사용해야 할 상황이 발생했다.

제리의 책상은 프라이버시가 잘 지켜지지 않는 곳에 있었다. 천장에서는 윙윙거리는 소리가 들리고 파티션 너머로 옆 사람의 대화 내용이 다 들릴 때도 있었다. 스콧은 '칭찬은 공개적으로 하고 꾸중은 비공개적으로 하라'는 말을 지키기 위해 제리를 소회의실로 불렀다.

"제리, 주간 고객보고서에 대해서 할 이야기가 있네. 지난 두 주간 보고서를 며칠 늦게 제출했던데, 몇 달 전에도 똑같은 문제가 있었던 것 같아. 어떻게 된 건지 설명해보게."

"그걸 물어보실 줄 알았습니다. 지난번에는 제가 너무 끌었던 게 사실이고요, 지난 두 주 동안에는 이월주문 때문에 너무 바빠 제시간에 제출하지 못했습니다. 죄송합니다."

"자네가 보고서를 늦게 내면 내가 자네 고객들의 수를 추측해서 내 보고서에 넣어야 한다는 거 알잖나. 그런 건 추측해서 넣을 게 아니지. 그 일로 우리 부서의 전체 프로세스에 흠이 갈 수도 있어."

스콧은 자신이 이 상황에 제대로 대처하고 있는 것인지 확인하기 위해 잠시 말을 멈추었다. 이윽고 스콧은 말투를 약간 누그러뜨려서 말했다.

"앞으로 제시간에 보고서를 받으려면 우리가 어떻게 지원해야 할지 말해보게."

"솔직히 어떤 때는 외근 나갔다 오면 갖고 들어올 게 너무 많아서 노트북 컴퓨터를 사무실로 들고 오지 못할 때가 있습니다. 그럼 그냥 차 안에 두거든요. 그리고 다른 일들로 바빠지면 노트북을 사무실에 다시 가지고 올 때까지 보고서를 작성하지 못할 때가 있어요. 모두 제 탓입니다."

"그럼 어떻게 해결하는 게 좋겠나?" 스콧이 물었다.

"제시간에 보고서를 드리도록 좀 더 신경을 써야죠. 그게 다입니다."

"나도 그렇게 생각해. 내가 도울 일은 없겠나?"

"팀장님이 하실 일은 없습니다. 제 일이니까요. 그걸 우선순위로 두고 제때 마쳐야죠."

"좋아, 제리. 내가 진짜 숫자를 받지 못하면 예상치로 넣어야 한다는 것 잊지 말아주게."

"전에는 미처 몰랐습니다. 이제 알았으니 그렇게 해야죠. 아니, 꼭 그렇게 하겠습니다."

"고맙네, 제리. 우리 부서를 위해 자네가 하는 일들 모두 고맙게 생각하네. 내가 도울 일이 있으면 언제든지 알려줘."

"고맙습니다, 팀장님. 저도 팀장님께 감사하고 있습니다."

제리가 회의실을 나간 뒤 스콧은 자신이 어떻게 제리의 문제를 교정했는지 다시 생각했다.

'꽤 잘한 것 같지?'

스콧은 고개를 끄덕였다. 적어도 6개월 전보다는 훨씬 잘한 것 같았다. 그렇다. 지금이 훨씬 좋아졌다. 훨씬.

피드백의 달인이 된 스콧

회의실에는 예전 강의시간보다 훨씬 많은 간식이 놓여 있고 테이블은 여러 가지 색상의 헬륨 풍선들로 장식되어 있었다. 교육에 대한 지원을 보여주듯 이날에는 사장도 참석했다. 역할극에서 문제사원을 맡았던 덩치 커다란 팀장은 특별한 날에만 입는 정장을 빼입고 왔다. 두 치수 정도 작아 보이긴 했지만.

이사는 수료식을 시작하면서 다음과 같이 말했다.

"우리 회사는 여러분의 관리 능력을 향상시키는 데 투자했습니다. 그간의 교육과 과제를 통해서, 우리는 피드백이 직장과 가정의 구분 없이 필수적인 능력이라는 것을 알았습니다. 직장에서 요구되는 능력이 곧 집에서도 필요로 하는 능력이기 때문이죠. 이번 교육으로 직장이나 가정 어느 한 곳에서라도 여러분의 능력이 향상되었다면, 이 과정은 성공적이라고 할 수 있을 겁니다."

사장은 격려사에서 이번 교육과정의 중요성을 강조하면서 참가자들에게 배운 것을 잊지 말라고 당부했다. 사장은 성공적인 조직이 되기 위해서는 우선 개개인이 성공해야 한다고 말했다. 그리고 그런 사람들은 회사뿐 아니라 가정에서도 성공적인 관계를 만들어간다고 덧붙였다. 그는 "올바른 일을, 알맞은 시기에, 적절한 사람들에게 할 때 효과가 극대화됩니다"라고 강조했다. 사장은 참가자들이 계속해서 사람을 다루는 능력을 키워나가기 바란다는 말로 격려사를 마무리했다.

두 사람의 인사말이 끝나자 강사 차례가 되었다. 강사는 회의실 앞에 서서 팀장들을 바라보며 미소를 지었다.

"여기 계신 분들 모두 즐겁게 수업할 수 있는 분들이셨어요. 수업하는 동안에도 즐거웠고, 일대일로 대화를 나눌 때도 정말 좋았습니다. 여러분도 만족하셨기를 바랍니다."

강사는 수료식은 지난 몇 달간 받은 교육에 대해 축하하는 시간이지만 몇 가지 복습하고 싶은 게 있다고 했다. 테이블에서 플라스틱 통을 집어서 높이 들어 올리고는 물었다.

"피드백 통과 이것의 중요성에 대해서는 다들 아시죠? 이 통이 꽉 찼을 때와 비었을 때가 어떻게 다른지도 잘 아실 겁니다. 우리는 또한 통을 채우는 효과적인 방법에 대해서도 배웠지요. 그 방법들을 직장에서, 그리고 가정에서 연습해보았고요."

그러고는 강사는 테이블에서 송곳을 집어 들었다.

"살아가는 동안 어떤 경험들은 우리 피드백 통에 구멍을 내기도 하지요."

강사는 자신의 말을 확인시키듯 통의 밑바닥을 송곳으로 여러 번 찔렀다. 그러고는 통을 기울여서 모든 이들에게 구멍을 보여주었다.

"어떤 구멍은 작고, 어떤 것들은 커요. 우리 스스로가 구멍을 내기도 하고, 다른 사람들이 구멍을 뚫기도 하지요."

강사는 다시 한 번 통을 기울여서 자신이 통의 밑바닥에 무엇을 해놓았는지 사람들이 볼 수 있도록 했다. 그리고 나서 통과 송곳을 테이블 위에 올려놓고 청중들 쪽으로 다가갔다.

"이 과정을 시작할 때 제가 역점을 두었던 부분은 여러분에게 지지적 피드백의 힘과 교정적 피드백의 효과를 정확히 알려주는 것이었습니다. 여러분 모두 무의미한 피드백이 얼마나 효과가 없는지, 학대적 피드백이 어떤 피해를 주는지 알았으면 했고요. 어떤 관계에서든 여러분이 주는 피드백은 성공적인 관계가 되도록 도와주거나, 아니면 안 좋은 관계로 끝나도록 영향을 미칠 것입니다. 이 말을 이해하신다면 수료할 준비가 다 된 거예요."

강사는 말을 멈추고 팀장들을 향해 활짝 웃었다.

"음, 제가 드릴 말씀은 여기까지고요. 제가 참석한 수료식에서는 모두 수료 연설이 있었습니다. 여기도 예외일 수는 없죠. 우리 고문단이 여러분 중에 한 분을 연설자로 선택했어요. 자, 스콧 씨, 이쪽으로 와서 그동안 무엇을 배웠는지 말씀해주시겠어요?"

스콧이 호명되자 팀장들은 박수를 보냈다. 회의실 안에 있는 사람들은 모두 스콧이 교육에서 얼마나 많이 배웠는지, 안내 데스크에서 봉투를 가져온 첫날에 비해 얼마나 많이 변했는지 알고 있었다. 하지만 스콧은 회의실 앞으로 나가면서도 무슨 말을 해야 할지 혼란스럽기만 했다.

"전혀 예상하지 못했습니다. 앞에 나가서 말을 하게 될 줄 몰랐기 때문에 아무 준비도 못했는데요."

그러자 뒤쪽에서 한 팀장이 농담을 던졌다. "미리 알았으면 하루 종일 연설할 거잖아요!"

웃음이 잦아들자 다시 스콧이 말했다.

"사실 이 경험이 저와 저희 팀의 직원들, 그리고 저희 가정에 어떤 의미를 가져다주었는지 하루 종일 말할 수도 있을 겁니다. 하지만 시간 관계상 짧게 말씀드리죠."

다시 한 번 팀장들로부터 박수갈채가 쏟아졌다.

할 말을 머릿속에 정리하면서 스콧은 점차 진지해졌다.

"우선 이 교육을 받기 전에 비해 지금은 사람들을 대하는 방식이 많이 달라졌다고 감히 말씀드릴 수 있습니다. 언제 어떻게 사람들의 행동을 격려해야 하는지 알게 되었고, 언제 어떻게 교정해야 할지도 알게 되었습니다. 예전에는 교정적 피드백을 준다면서 상대방을 학대적으로 대할 때도 있었습니다. 이제서야 깨달았지만 말입니다. 하지만 지금은 그런 일이 발생하지 않도록 최선을 다하고 있습니다. 피드백이 저와 여러분을 이어주는 다리라는 것을 잊지 않고 있습니다."

스콧은 잠시 말을 멈추고 바닥을 내려다보았다. 다시 고개를 든 스콧은 강사를 쳐다보고는 개인적인 이야기를 시작했다. 그의 음성은 가늘게 떨렸다.

"여러분은 잘 모르셨겠지만 저의 학대적인 피드백은 제 가족과의 관계도 망가뜨릴 뻔했습니다. 결혼생활도 깨지기 직전이었죠. 하지만 이번 교육 덕분에 가족과도 좋은 관계를 회복했습니다. 이제 제 가족과 여러분께 맹세합니다. 앞으로는 그런 일이 절대 없을 것이라고요."

짧은 침묵이 흐른 뒤, 회의실 안의 사람들은 일어서서 스콧에게 박수를 치기 시작했다. 더 이상 말을 잇기 어렵다는 것을 깨달은 스콧은 천천히 자리로 돌아왔다. 그의 얼굴에는 눈물이 흐르고 있었다. 강사 또한 눈물을 글썽이고 있었다.

이제는 휴가를 떠날 시간

교육 일정에 따라 출장을 다니는 일이 몇 년간 반복되면서 강사에게는 한 가지 버릇이 생겼다. 공항을 출입할 때 강사는 고개를 숙인 채 여행가방을 끌면서 천천히 걷곤 했다. 강사가 선물가게에서 나오는 스콧과 마주친 것은 순전히 우연이었다.

"저기요!" 스콧이 말했다.

"굉장히 빨리 걸어가시네요, 아가씨."

"어머, 스콧 씨! 만나서 반가워요. 다음 달에 있을 첫 수업이 기대되네요. 이번 피드백 과정에는 15명의 희생양을 데리고 오실 거라면서요?"

"그래요. 그런데 어디 가세요?"

"저는 다른 회사에서 교육이 있어서요. 스콧 씨는 어디 가시는데요?"

"이번에는 출장이 아닙니다. 전화벨도 안 울릴 거고, 직원들이 와서 '시간 있으세요?'라고 묻는 일도 없을 겁니다."

"휴가 가시나 봐요. 맞아요?"

"맞습니다."

강사는 전에 보지 못했던 행복한 표정을 스콧의 얼굴에서 볼 수 있었다. 문득 스콧을 처음 만났던 때가 생각났다. 그때는 스콧을 '봉투 찾아오는 사람'으로 하자던 이사의 결정이 의문스러웠다. 피드백이 거부된 후 스콧이 보인 반응은 전형적이었지만, 그 강도가 너무 격해서 불안할 정도였다. 그날 스콧의 반응으로 보아 그의 생활에 문제가 있다는 것을 강사는 알아차릴 수 있었다. 하지만 시간이 지나면서 강사는 스콧의 리더십에서 놀라운 잠재력을 발견했다. 특히 스콧의 끈기와 인내가 마음에 들었다. 공항에서 새로운 스콧을 바라보면서, 강사는 자신 앞에 서 있는 변화를 보고 기뻐하지 않을 수 없었다.

강사가 이런 생각을 할 때, 매력적인 한 여성이 스콧의 뒤로 걸어와서 그의 팔꿈치를 가볍게 잡았다. 그 여성은 강사를 향해 상냥하게 미소 지었다. 강사는 잠자코 스콧이 소개해주기를 기다렸다.

"아, 제 아내입니다. 저희 둘만 오붓하게 태양이 있고 즐거움이 있고, 그리고 말씀드렸듯이 전화가 없는 곳으로 갑니다. 여보, 여러 번 이야기했지? 이분이 바로 그 강사님이셔. 다음 피드백 교육에서는 내가 이분 강의의 사회자가 될 거야."

스콧의 아내는 따뜻한 미소를 지으면서 강사를 바라보았다.

"만나뵙게 돼서 정말 반가워요. 강사님에 대해서 너무 많이 들어서 마치 오래된 친구 같은 느낌이네요."

강사는 그녀의 상냥하고 친절한 본성을 느낄 수 있었다. 그리고 스콧을 바라보는 그녀의 모습에서 둘의 관계가 어떤지 느낄 수 있었다. 강사도 웃으며 인사했다.

"두 분이 휴가를 가시는 걸 보니 좋네요. 정말 좋으시겠어요. 저도 매주 여기 저기 가긴 하지만 태양이니, 즐거운 일이니, 그런 건 없어요. 부러워요."

스콧의 아내는 강사를 향해 고개를 돌렸다. 그녀는 스콧의 팔꿈치에 놓여 있던 손을 강사의 손 위에 살짝 올려놓았다. 어느 새 그녀의 눈에는 눈물이 글썽이고 있었다.

"강사님의 조언이 우리 둘에게 어떤 도움을 주었는지 이루 다 말씀드릴 수 없어요. 우리가 최악의 결정을 내리려고 할 때 강사님이 우리 인생에 들어오신 거예요. 강사님이 남편에게 가르쳐주신 것 때문에, 그리고 다시 남편이 제게 가르쳐준 것 때문에, 오늘 우리가 이렇게 달라질 수 있었어요. 제 깊은 감사를 받아주셨으면 좋겠어요."

미소를 지으면서 스콧은 아내의 어깨를 팔로 감쌌다. 강사도 기쁜 표정으로 대답했다.

"두 분이 잘 지내신다니 너무 기뻐요. 두 분 정말 잘 어울리세요."

강사가 뒤돌아가려고 할 때, 스콧의 아내는 "새로운 스콧을 만들어주셔서 감사합니다"라고 인사했다.

그들은 선물가게 앞에서 헤어졌다. 스콧과 그의 아내는 휴가를, 강사는 관리자들이 기다리고 있는 다른 회사를 향해서 길을 재촉했다. 이번에는 강사의 피드백 통이 가득 차 있었다.

◈◈◈ 부록 1

피드백을
평가하는 방법

 2장에서 강사는 팀장들에게 피드백 평가목록을 통해 피드백 능력을 수치화할 수 있도록 했다. 강사는 이 도구를 교육과정 초반에 실시하여 팀장들이 자신의 능력을 표준점수와 비교해볼 수 있도록 했다. 이러한 비교는 10가지 요소에 대한 자신의 피드백 능력을 시각적으로 보여준다. 10가지 요소가 선택된 이유는 지지적 피드백과 교정적 피드백을 효과적으로 주기 위해 갖추어야 할 사람의 다양한 능력을 포함하기 때문이다. 강사는 팀장들이 피드백 훈련과정을 받으면서 자신들의 강점과 약점을 표시하여 주기적으로 점수를 비교해보라고 했다.
 이제부터 당신의 피드백 평가목록을 작성해보자. 이를 통해 자신의 현재 점수와 표준 점수를 비교해볼 수 있을 것이다. 또한 피드백 평가목록을 예비 검사로 한번 해보고, 몇 개월 후 자신이 얼마나 나아졌는지 확인하기 위해 사후 테스트로 다시 한 번 해보는 것도 좋은 방법이다.

피드백 평가목록

이 목록은 내가 그동안 진행했던 강연과 워크숍 내용을 토대로 개발된 것이다. 질문지를 정직하게 작성하지 않았거나 테스트 항목 자체가 잘못 설계된 경우에는 정확한 평가를 할 수 없다. 점수를 도표로 해석하는 과정에 오류가 있을 때도 그렇다. 수많은 조사를 거친 결과 피드백 평가목록은 응답자의 90퍼센트 이상에게 믿을 만한 데이터를 제공하는 것으로 나타났다.

질문지는 다른 사람들에게 어떤 식으로 지지적 피드백 및 교정적 피드백을 주는지에 대한 30개의 문항으로 구성되어 있다. 시작하기 전에 먼저 자신이 부하직원이나 동료에게 어떻게 피드백을 주는지 깊이 생각해보기 바란다. 그런 관점에서 각 문항에 해당하는 대답에 표시를 한다. 자, 그럼 시작해보자.

1. 피드백을 줄 때, 특정한 예를 근거로 대화를 시작한다.
   항상 그렇다 | 대체로 그런 편이다 | 가끔 그렇다 | 전혀 그렇지 않다

2. 상대방이 왜 그 일을 했는지 추측하려 하지 않는다. 실제로 일어난 일에 대해서만 언급한다.
   항상 그렇다 | 대체로 그런 편이다 | 가끔 그렇다 | 전혀 그렇지 않다

3. 상대방의 성격이나 태도가 아니라 무엇을 했는지에 주목한다.
   항상 그렇다 | 대체로 그런 편이다 | 가끔 그렇다 | 전혀 그렇지 않다

4. 가능한 한 어떤 상황이 발생하자마자 피드백을 준다.
   항상 그렇다 | 대체로 그런 편이다 | 가끔 그렇다 | 전혀 그렇지 않다

5. 나는 사람들에게 무엇을 잘못했는지뿐 아니라, 무엇을 잘했는지도 말해준다.
   항상 그렇다 | 대체로 그런 편이다 | 가끔 그렇다 | 전혀 그렇지 않다

6. 교정적 피드백을 줄 때, 흥분하거나 과잉 반응을 보이지 않으려고 최선을 다한다.
   항상 그렇다 | 대체로 그런 편이다 | 가끔 그렇다 | 전혀 그렇지 않다

7. 피드백을 줄 때, 요점을 명확히 말하고 돌려서 말하지 않는다.

항상 그렇다 | 대체로 그런 편이다 | 가끔 그렇다 | 전혀 그렇지 않다

8. 직원들이 실수하기를 기다렸다가 '딱 걸렸어' 하는 식으로 행동하지 않는다.

항상 그렇다 | 대체로 그런 편이다 | 가끔 그렇다 | 전혀 그렇지 않다

9. 피드백을 줄 때, 발생한 일에 대해서 내가 어떻게 느끼는지 설명해준다.

항상 그렇다 | 대체로 그런 편이다 | 가끔 그렇다 | 전혀 그렇지 않다

10. 교정적 피드백을 줄 때, 상대방이 자신의 입장에 대해서 설명할 수 있도록 배려한다.

항상 그렇다 | 대체로 그런 편이다 | 가끔 그렇다 | 전혀 그렇지 않다

11. 교정적 피드백을 줄 때, 대화를 하기 전에 가능한 해결책을 몇 가지 미리 준비해둔다.

항상 그렇다 | 대체로 그런 편이다 | 가끔 그렇다 | 전혀 그렇지 않다

12. 피드백을 줄 때, 이해를 돕기 위해 특정한 예를 들어가면

서 한다.

항상 그렇다 | 대체로 그런 편이다 | 가끔 그렇다 | 전혀 그렇지 않다

13. 피드백을 줄 때, 상대방의 태도나 성격보다 행동에 중심을 둔다.

항상 그렇다 | 대체로 그런 편이다 | 가끔 그렇다 | 전혀 그렇지 않다

14. 상대방과 내가 가장 한가하고 스트레스를 덜 받을 만한 시간에 피드백을 준다.

항상 그렇다 | 대체로 그런 편이다 | 가끔 그렇다 | 전혀 그렇지 않다

15. 나는 상대방이 개선해야 할 부분뿐만 아니라 자신이 무엇을 잘하는지도 알아야 한다고 믿는다.

항상 그렇다 | 대체로 그런 편이다 | 가끔 그렇다 | 전혀 그렇지 않다

16. 나는 자신이 침착하고 객관적인 상태일 때 교정적 피드백을 주려고 한다.

항상 그렇다 | 대체로 그런 편이다 | 가끔 그렇다 | 전혀 그렇지 않다

17. 피드백을 줄 때는 눈을 마주치는 것을 피하지 않고 상대방을 똑바로 바라본다.

항상 그렇다 | 대체로 그런 편이다 | 가끔 그렇다 | 전혀 그렇지 않다

18. 피드백을 준다는 것은 내가 다른 누군가를 도와줄 수 있는 기회를 갖는 것이지, 나의 심정을 털어놓는 시간을 갖는 것이 아니다.

항상 그렇다 | 대체로 그런 편이다 | 가끔 그렇다 | 전혀 그렇지 않다

19. 피드백은 상대방을 탓하려는 것이 아니라, 내가 느끼는 것을 상대방과 소통하려는 것이다.

항상 그렇다 | 대체로 그런 편이다 | 가끔 그렇다 | 전혀 그렇지 않다

20. 교정적 피드백을 줄 때, 상황을 이해하기 위해서 표현을 바꾸어 말하거나 개방식 질문을 사용한다.

항상 그렇다 | 대체로 그런 편이다 | 가끔 그렇다 | 전혀 그렇지 않다

21. 나는 나의 피드백 메시지를 상대방에게 맞게끔 적절히 바꾸어 말한다.

항상 그렇다 | 대체로 그런 편이다 | 가끔 그렇다 | 전혀 그렇지 않다

22. 무슨 일이 일어났는지 추측하려 하지 않고 있는 그대로 알려고 노력한다.

항상 그렇다 | 대체로 그런 편이다 | 가끔 그렇다 | 전혀 그렇지 않다

23. 피드백을 줄 때, '무책임한', '프로답지 않은', '좋은', '나쁜' 등의 가치 평가적 단어를 사용하지 않으려고 노력한다.

항상 그렇다 | 대체로 그런 편이다 | 가끔 그렇다 | 전혀 그렇지 않다

24. 다른 사람들 앞에서 부정적이거나 교정적 피드백을 주지 않는다.

항상 그렇다 | 대체로 그런 편이다 | 가끔 그렇다 | 전혀 그렇지 않다

25. 지지적 피드백과 교정적 피드백의 균형을 맞추려고 노력한다.

항상 그렇다 | 대체로 그런 편이다 | 가끔 그렇다 | 전혀 그렇지 않다

26. 교정적 피드백을 줄 때, '여기 그리고 지금'에 초점을 두며, 오래전의 일을 언급하지 않는다.

항상 그렇다 | 대체로 그런 편이다 | 가끔 그렇다 | 전혀 그렇지 않다

27. 피드백을 줄 때, 한두 가지 우선순위가 높은 문제들에 중점을 둔다.

항상 그렇다 | 대체로 그런 편이다 | 가끔 그렇다 | 전혀 그렇지 않다

28. 피드백을 줄 때, 상대방이 요청하지 않으면 충고를 하지 않는다.

항상 그렇다 | 대체로 그런 편이다 | 가끔 그렇다 | 전혀 그렇지 않다

29. 피드백을 줄 때, 문제의 행동이 미치는 영향력을 상대방이 이해할 수 있도록 내가 어떻게 느꼈는지 구체적으로 설명해준다.

항상 그렇다 | 대체로 그런 편이다 | 가끔 그렇다 | 전혀 그렇지 않다

30. 교정적 피드백을 줄 때, 상대방의 관점에서 상황을 볼 수 있도록 질문을 많이 한다.

항상 그렇다 | 대체로 그런 편이다 | 가끔 그렇다 | 전혀 그렇지 않다

채점 방법

채점을 하기 위해 '항상 그렇다', '대체로 그런 편이다', '가끔 그렇다', '전혀 그렇지 않다'에 다음과 같이 점수를 매겨놓았다.

항상 그렇다 = 3
대체로 그런 편이다 = 2
가끔 그렇다 = 1
전혀 그렇지 않다 = 0

피드백 평가목록을 채점하는 방법은 30개 문항에 대해서 세 가지 답의 점수를 각각 더하는 것이다. 예를 들어 1번 문항에 '대체로 그런 편이다'에 표시했다면, 다음 페이지의 양식 1번 항목 옆에 '2'라고 적는다. 그리고 11번 문항과 21번 문항에도 '대체로 그런 편이다'에 답했다면, 그 문제들 옆에도 '2'라고 적는다. 그런 다음, 세 가지 문항에 대한 점수를 더해서 합계 '6'을 합계란에 적는다. 이제 다음의 양식을 사용해서 10가지 요소에 대한 각각의 합계를 내보자.

요소	문항에 대한 점수	합계
1. 계획을 짠다.	1.____ + 11.____ + 21.____ = ____	
2. 명확하게 한다.	2.____ + 12.____ + 22.____ = ____	
3. 행동에 집중한다.	3.____ + 13.____ + 23.____ = ____	
4. 시간과 공간을 배려한다.	4.____ + 14.____ + 24.____ = ____	
5. 균형을 유지한다.	5.____ + 15.____ + 25.____ = ____	
6. 침착하게 한다.	6.____ + 16.____ + 26.____ = ____	
7. 효과적인 기술을 익힌다.	7.____ + 17.____ + 27.____ = ____	
8. 효과적인 스타일을 개발한다.	8.____ + 18.____ + 28.____ = ____	
9. 느낌을 표현한다.	9.____ + 19.____ + 29.____ = ____	
10. 경청한다.	10.____ + 20.____ + 30.____ = ____	

점수를 계산한 다음에는 다음 페이지에 나와 있는 그래프에 자신의 10가지 요소에 대한 점수를 옮겨 적는다. 예를 들어 첫 번째 요소인 '계획을 짠다'의 합계를 그래프의 첫 번째 요소 위치에 점으로 표시하는 것이다. 나머지 9가지 요소에 대한 점수도 마찬가지로 표시한다. 각 요소에 대한 합계를 모두 표시한 다음 각각의 점들을 선으로 연결한다.

어둡게 표시된 그래프의 윗부분은 각 요소에 대한 이상적인 점

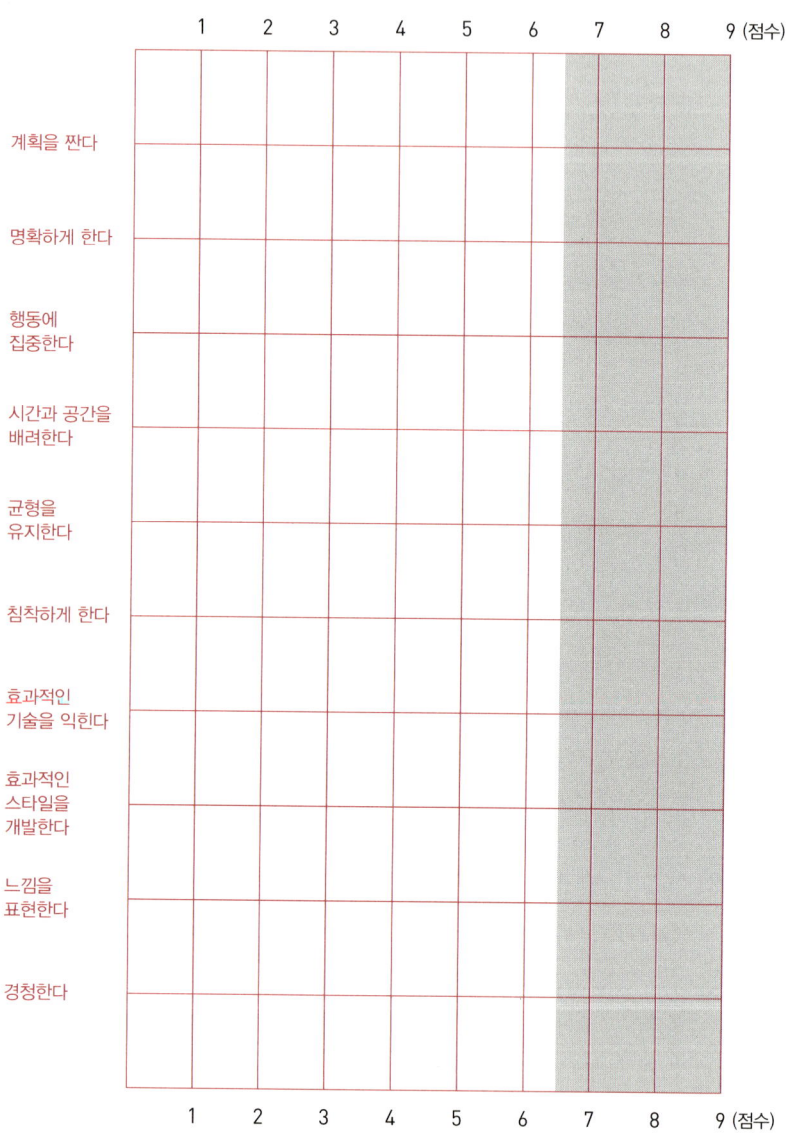

수를 나타낸다. 그러나 실제로는 요소들 간의 점수편차가 심한 것이 일반적이다. 예를 들면, 분야에 대한 경험과 기술에 따라 높은 점수부터 낮은 점수까지 다양한 결과가 나올 수 있다. 어두운 부분에 해당되는 점수를 얻었다면 그 요소에 대한 피드백 능력이 매우 높다는 것을 의미한다.

　자신의 점수가 좋지 않다고 해도 효과적인 피드백을 줄 능력이 없다는 의미는 아니다. 그것은 단순히 개선이 필요한 분야임을 의미할 뿐이다. 낮은 점수에 너무 과잉 반응하지 말고 스스로 개선하려고 노력하기 바란다. 피드백 능력을 향상시키는 데 필요한 계획을 세울 때 이 책이 유용한 안내자 역할을 할 것이다.

◈◈◈ 부록 2

우리가 피드백을 할 때
유의해야 할 것들

1. 상대가 어떤 피드백 유형을 좋아하는지 파악하라

탁월한 피드백을 제공하고자 한다면, 먼저 상대방이 어떤 피드백의 유형을 선호하는지 파악할 필요가 있다. 상대방이 회의실에서의 일대일 피드백을 좋아하는가? 면대면 방식보다는 이메일이나 전화로 이루어지는 피드백을 좋아하는가? 퇴근 후 생맥주를 마시며 하는 피드백을 좋아하는가? 즉각적인 피드백을 좋아하는가, 아니면 이튿날 아침까지 기다렸다가 말해주는 것을 선호하는가? 상대방이 좋아하는 피드백 유형을 파악하면, 여러모로 도움을 얻을 수 있다. 피드백을 받는 사람은 배려받는 느낌을 갖게 되고, 피드백하는 사람에게 더 깊은 고마움을 나타낼 것이다.

2. 상대방에게 피드백 내용을 간략하게 암시하라

"잠깐 나하고 회의실에서 이야기 좀 하지."

"지금 내 방으로 오게나."

이 같은 호출 방식은 가능한 한 삼가라. 갑작스럽게 아무 설명 없이 호출하면, 호출당한 사람은 긴장하고 스트레스를 받는다. 상대방을 호출할 때는 무슨 일 때문에 부르는지 간략한 설명을 곁들여라.

"3분기 우리 팀 실적 때문에 논의하고 싶은 게 있는데, 잠깐 회의실에서 볼 수 있을까?"

"우리 회사 VIP 고객들에게 보낼 초대장에 관해 말해주고 싶은데, 내 방으로 올 수 있겠나?"

어떤 피드백을 주고자 하는지 상대방에게 암시해주면, 그는 자연스럽게 문제와 해결책에 집중할 수 있게 된다.

3. 디테일에 너무 집착하지 마라

팀원이 몇날며칠 야근을 하며 다음 분기 마케팅 프로젝트에 관한 보고서를 팀장인 당신에게 제출했다고 해보자. 팀장인 당신은 빨간 펜을 들고 수정해야 할 부분을 눈에 불을 켜고 찾는다. 오탈자, 문법적 오류, 구두점의 오기 등등. 이처럼 온통 붉게 첨삭된 보고서를 다시 팀원에게 주면, 그는 어떤 생각을 가질까? 당신의 꼼꼼함에 감탄을 금치 못할까? 그렇지 않다. 그저 맥이 탁 풀릴 뿐이다. 그 보고서가 책으로 출간될 것이 아니라면, 공식 카탈로그로 인쇄할 것이 아니라면, 그 같은 디테일들은 무시하라. 보고서에서 중요한 건 형식이 아니라 내용이다. 오탈자 전혀 없는 평범한 보고서보다 문법은 엉망이더라도 창의적인 아이디어가 들어 있는 보고서가 당신이 원하는 것 아니었던가?

"마크, 팀장님이 자네 보고서에 대해 어떤 평가를 내리셨나?"

"흠, 맞춤법이 엉망이라고 하시더군."

팀원들 사이에서 이 같은 대화가 이루어지기를 바라지는 않을 것이다. 팀장은 국어교사가 아니라 크리에이티브한 팀을 이끌어야 할 리더임을 명심하라.

4. 철저하게 팩트에 기반하라

"톰, 자네는 너무 습관적으로 야근을 하는 것 같아. 업무패턴을 개선할 필요가 있지 않을까?"

이 같은 피드백은 팩트fact에 기반한 게 아니다. 그저 톰에 대한 개인의 '의견'을 개진한 것에 불과하다. 의견 개진에 그치는 피드백은 효과가 없다. 피드백을 할 때는 철저한 팩트 분석이 선행되어야 한다.

"톰, 자네는 1주일에 평균 3~4일은 야근을 하고 있더군. 물론 일에 대한 자네의 남다른 열정은 높이 살 만해. 하지만 장기적으로 볼 때 잦은 야근은 회사에게도, 자네에게도 이득이 되지 않는다네. 나도 팀원일 때 야근을 밥먹 듯했지. 하지만 지금 와서 생각해보니 별로 효율적이지 못했어. 효율적인 시간관리에 대해 진지하게 생각해보게. 내 경험에 비춰 보건대, 일이란 100미터 달리기가 아니라 마라톤이라는 사실을 자네에게 일러주고 싶군."

팩트를 제시한 후 개인의 경험을 곁들이면 상대방은 피드백해주는 사람에게 깊은 호감과 신뢰를 갖게 될 것이다. 팩트가 아니라 단순한 평가나 의견만을 내세우면, 상대방은 자신이 비난받는 듯한 느낌을 갖게 된다.

5. 시나리오를 완성하라

피드백이 실패로 끝나는 경우들의 대부분은 '시나리오'가 없기 때문이다. 즉흥적으로, 감정적으로, 생각나는 대로 피드백을 제시하기 때문에, 그 피드백을 받아들이는 상대방은 그저 한 귀로 듣고 한 귀로 흘릴 뿐이다. 피드백을 줄 때는 미리 충분히 연습해야 한다. 기승전결의 구성을 가진 시나리오를 짜서 머릿속에 명확하게 그릴 수 있어야 한다. 철저한 연습과 연구 없이 무대에 오른 배우들로 이루어진 드라마는 외면을 받을 수밖에 없다.

6. 에둘러 가지 마라

누구나 칭찬과 격려를 원한다. 누구나 비판과 질책 앞에서는 힘들어한다. 그래서 피드백을 줄 때는 될 수 있는 한 상대방이 듣기 좋은 말을 하려는 경향이 많다. 따끔한 비판이나 질책을 해야 하는 상황임에도, 상대방이 상처받을까 두려워 눈치만 살피면서 자꾸 에둘러 가려고 한다. 이는 좋은 리더가 아니다. 때로는 직선으로, 진솔하게 문제의 본질에 정확하게 접근할 줄 알아야 한다. 쓴소리를 할 줄 아는 리더가 되어야 한다. 그러지 않으면 상대방은 따르지 않는다. 어떻게든 피드백하는 사람과 마주한 자리만 모면하고자 애쓸 것이다.

7. 결과를 먼저 생각해보라

피드백의 궁극적 목적은 '개선'과 '변화'에 있다. 제아무리 뛰어난 피드백이라 할지라도 상대방을 움직이지 못하면 무용지물이다. 피드백은 멋이 아니다. 권위를 내세우기 위함도 아니다. 누군가를 비판함으로써 쾌감을 얻고자 함도 아니다. 쩔쩔매는 부하직원들을 보며 우쭐함을 느끼고자 함도 아니다. 개선과 변화의 결과를 기대하기 어렵다면 피드백은 포기해야 한다. 피드백이 전혀 먹히지 않는 사람이 있다면, 더 이상 그에게 공을 들이지 마라. 그를 우리의 팀에서, 우리의 일과 삶에서 분리시켜낼 방안을 찾는 게 훨씬 더 현명하다. 어떤 결과를 얻을 수 있을지 차분하게 생각하라. 그러고 나서 피드백을 하라.

8. 당신 자신부터 변화하라

"존, 자네는 마감시한을 너무 안 지키는군. 이번만큼은 시간을 엄수하도록 하게."

이렇게 말하는 사람은 마감을 잘 지키고 있을까? 늘 30분 먼저 출근하는 팀원을 칭찬하지만, 정작 우리는 늘 5분 남짓 지각하고 있는 건 아닌가? 피드백은 말의 성찬이 아니다. 작지만 꾸준하고 진솔한 행동이 백 마디 피드백보다 강력한 설득력을 발휘한다. 우리 자신부터 바뀌어야 한다. 아니, 바꾸려는 노력을 뚜렷하게 보여줄 수 있어야 한다. 그것이 곧 가장 뛰어난 피드백이다.

9. 감정 노출은 금물이다

어떤 경우에도 침착함과 평정을 잃지 마라. 짜증과 분노가 치밀어오를 때는 조용한 곳으로 가서 혼자서 그 감정들을 가라앉혀라. 화가 난 상황에서 피드백을 하면, 상대방은 피드백하는 사람의 분노에만 초점을 맞춘다. 고개를 떨군 채 그의 분노가 가라앉기만 기다린다. 분노라는 감정만 잘 조절해도 상대방은 피드백하는 이에게 존경심을 갖게 될 것이다.

10. 상대방의 바이오리듬을 고려하라

누구나 바이오리듬의 상승과 하강곡선을 갖고 있다. 하루 가운데 가장 기분 좋은 시간대가 있게 마련이고, 슬럼프와 침묵에 잠기는 시간대도 있게 마련이다. 당신이 팀장이라면 팀원들의 바이오리듬을 잘 파악하고 있을 필요가 있다. 바이오리듬이 상승하는 시간대에 제시하는 피드백은 그 효과가 훨씬 더 크다. 좀처럼 하기 어려운 피드백인 경우 더욱 그렇다. 출근 후 한 시간 동안 가장 활발한 움직임을 보이는 사람이 있다면, 그에게는 바로 그 시간에 피드백을 해야 한다.

11. 비판과 질책은 단 둘이 있을 때 하라

칭찬과 격려는 공개적인 석상에서 할 때 효과적이다. 반면에 비판과 질책은 단 둘이 있을 때 하는 것이 좋다. 자신의 잘잘못이나 단점이 제3자가 알 수 있는 자리에서 드러나면, 피드백을 받은 사람은 패닉에 빠진다. 아주 가볍게 질책하는 경우에도 마찬가지다. 상대방에게 직언이나 고언을 해야 할 때는 반드시 단 둘이 있을 때 하라.

12. 퀴즈를 내지 마라

"톰, 자네의 보고서를 읽어본 내가 어떤 느낌을 가질 것이라고 생각하지?"

"존, 자네의 연간 예산계획안에 내가 서명을 해줄 것이라고 기대하나? 기대한다면 그 이유는 뭐지?"

피드백하는 사람의 의중을 추측하게끔 상대방을 이끌어선 안

된다. 이는 매우 권위적인 발상이다. 이럴 경우 상대방은 피드백 하는 사람에게 반감을 갖게 될 것이다. 어떤 보고서나 계획서를 확인하고 사인할 때는 피드백하는 당신의 의견이나 평가를 솔직하게 먼저 내보이도록 하라. 상대방이 임의대로 당신의 생각을 읽게 하지 마라. 그건 상대방을 궁지로 몰아가는 일일 뿐이다. 피드백은 수수께끼를 푸는 게임이 아니다. 쉽고 단순하고 명료하게, 상황과 문제의 더 나은 솔루션을 찾는 것임을 명심하라.

13. 해설가가 되지 마라

1루 주자를 2루에 보내기 위해 희생번트 포즈를 취하다가 갑자기 강공을 감행, 병살타를 치고 만 선수가 있다고 하자. 최악의 결과를 낳은 이 선수를 놓고 해설자는 '착실하게 번트를 대서 선행주자를 2루에 보냈어야 한다'고 탄식한다. 만일 그 선수가 강공에 성공해 안타를 쳐 주자 1,3루의 상황을 만들어냈다면? 해설자는 필경 '번트 타구에 대비해 전진 수비하는 야수들을 멋지게 역이용했다'고 찬사를 보낼 것이다.

이처럼 어떤 결과를 놓고 그에 따른 코멘트를 하는 건 매우 쉬운 일이다. 하지만 뚜껑을 열기 전까지는 그 누구도 결과를 알 수 없는 게 바로 비즈니스의 생리다. 따라서 성공적인 결과를 위해 최선의 노력을 경주하는 것만이 비즈니스맨의 미덕이다.

"처음부터 A가 아니라 B플랜을 가동해야 했어. 그랬다면 결과가 달라졌을 텐데."

팀장은 어떤 프로젝트의 결과를 놓고 이렇게 논평하는 건 절대 삼가야 한다. A플랜의 구현을 위해 다 같이 노력했다면, 이를 높이 평가하는 동시에 A플랜이 갖고 있는 단점과 취약점이 무엇이었는지를 진지하게 생각하는 자리를 가져야 한다. 드러난 결과를 놓고 왈가왈부하는 건 리더의 도리가 아니다. 팀장은 해설가가 아니라 감독이다.

14. 비교하지 마라

톰과 존을 비교하지 마라. 존과 찰리를 비교하지 마라. 기혼자를 미혼자와 비교하지 마라. 우리의 팀원을 옆 팀 팀장의 팀원과 비교하지 마라. 어떤 경우에도 비교는 강한 거부감을 불러온다. 존에게 없는 장점을 톰이 갖고 있지 않은지 확인하라. 비교는 팀과 조직을 와해시킨다.

15. 지난 일을 다시 꺼내지 마라

"톰, 지난번 프로젝트 때도 내가 그 점에 대해 주의하라고 신신당부했거늘, 이번에도 똑같은 실수를 반복할 셈인가?"

이는 결코 도움이 되지 않는 피드백이다. 과거는 과거일 뿐이다. 과거와 연계하여 현재 상대방이 하고 있는 일에 대해 코칭하지 마라. 지금 이 순간의 프로젝트나 업무에만 집중해서 피드백하라. 과거의 고리를 끊어야 실수와 실패의 고리도 끊어낼 수 있음을 명심하라.

16. 원하는 것을 구체적으로 밝혀라

"우리는 위대한 국가, 존엄한 민주주의를 구현해나갈 것입니다."

이는 대통령의 취임사로선 제격이다. 하지만 팀장은 이처럼 모호한 슬로건을 내세워서는 안 된다.

"나는 우리 회사가 타의 추종을 불허하는 매출을 올리기를 바랍니다."

어떤가? 이 같은 목표에 합당한 구체적 프로젝트가 머릿속에 떠오르는가? 그렇지 않을 것이다. 거창하고 현란한 목표 대신 구체적이고 명확한 목표를 제시하라.

"나는 이 제품이 출시 후 한 달 내에 손익분기점을 돌파하기를 원합니다."

"나는 이 프로젝트가 8월 31일까지 완성되기를 원합니다."

원하는 것, 원하는 목표가 명확하고 구체적일 때 아이디어가 활발하게 일어나고 피드백도 원활해진다.

17. 피드백은 지시가 아니다

"내일 아침 9시까지 보고해줘."

"앞으로 3일 주겠네. 그때까지 시장조사를 모두 끝내도록."

이는 피드백이 아니라 일방적 지시다.

"내일 아침 9시까지 보고를 받기를 원하네. 가능한가?"

"3일 정도면 시장조사를 끝마치는 데 충분할 것 같은데, 자네 생각은 어떤가?"

상대방이 달성 가능한 목표를 제시하는 것이 피드백의 핵심이다. '무조건', '밤새워', '하늘이 두 쪽 나도' 등등과 같은 태도를 보이지 마라. 상대방의 의견을 수렴하고 조율하는 태도가 신뢰를 얻는다. 비즈니스맨들은 언제나 시간에 쫓긴다. 따라서 다음과 같은 말을 피드백에 곁들이면 효과적이다.

"내가 그걸 끝내는 데 도울 일이 있으면 기탄없이 말해주게."

18. 대안을 유도하라

하나의 목표를 공유한 후에는 피드백이 매우 중요해진다. 목표까지 가는 길은 하나가 아니다. 다양한 루트가 탐색될 것이고, 그 가운데 가장 유력한 길을 선택해야 한다. 따라서 목표가 설정된 후에는 활발한 '토론'이 무엇보다 필요하다. 팀장이 제시하는 길을 팀원이 무심코 받아들이게 하지 마라. 여러 팀원의 다양한 생각이 개진되는 회의를 만들어내야 한다.

"톰, 자네는 존의 의견에 선뜻 동의하지 않는 것 같군. 자네의 대안을 들려주겠나?"

"제가 결정한 사안에 대해 다른 의견이 없나요? 다른 의견이 없다면 제 결정이 그리 바람직한 것 같지가 않군요. 하하."

이처럼 팀원들의 대안 개진을 끌어낼 수 있어야 한다. 설령 그것이 황당한 아이디어 수준에 있다 할지라도, 그들의 대안에 진심으로 귀 기울일 수 있어야 한다. 팀원들은 대안 개진을 통해 자신의 업무 능력을 발전시킬 수 있다. 피드백 회의의 목표는 만장일치가 아니다. 배가 산으로만 가지 않는다면, 많은 사공의 이야기를 들을 수 있어야 한다. 대안 개진을 습관화하는 조직일수록 점점 강해진다.

19. 인내심을 발휘하라

기다려라. 피드백의 기술에 관해 단 하나의 미덕만 제시해야 한다면 단연 '인내심'이다. 사람은 웬만해선 바뀌지 않는다. 피드백에 대한 즉각적인 반응을 기대하는 건 어리석은 일이다. 그건 그저 피드백하는 사람의 심기를 거슬리지 않고자 하는 일회적 반응일 뿐이다.

인내심을 갖고 변화를 모색하라. 팀원들이 피드백에 즉각 반응을 보이지 않는다고 해서 그들을 이끄는 사람이 무능한 리더라는 뜻은 결코 아니다. 무능한 리더는 기다릴 줄 모르는 사람이다.

팀에 새로 발령받은 신입 팀원이 들어왔다고 해보자. 우리는 그에게 얼마나 시간을 줄 수 있을까? 한 달? 석 달? 6개월? 1년? 물론 여기엔 정답이 없다. 다만 이렇게 생각해보라. 1년을 기다렸지만 두각을 나타내지 못했던 팀원이 1년하고 하루가 지났을 때 팀에 타의 추종을 불허하는 실적을 올려다줄 수도 있다는 사실을. 팀의 10년 실적을 1년 만에 달성시켜줄 수도 있다는 사실을. 그렇기 때문에 우리는 반드시 기다릴 줄 알아야 한다. 믿고 맡겼다면, 기다려라.

20. 상대방의 목표를 피드백과 연결하라

톰은 고액 연봉보다 일과 가정의 조화를 중시하는 사람일 수 있다. 줄리는 승진보다 자기계발 시간의 확보를 중시하는 사람일 수 있다. 존은 판매실적보다 고객감동을 더 중시하는 전략을 갖고 있을 수 있다.

이처럼 사람들마다 추구하는 가치가 각각 다르다. 따라서 피드백을 할 때는 상대방의 목표를 면밀하게 잘 살피고, 이와 조화를 이룰 수 있어야 한다. 성과급과 인센티브, 인사고과만을 당근으로 제시하는 리더는 구태를 면하기 어렵다. 공유한 목표를 향해 가되, 상대방의 개별적 목표도 함께 추구해나가는 리더십을 발휘하라.

21. 격차를 좁혀나가라

팀장과 신입 팀원 사이엔 많은 격차가 존재한다. 경험, 프로젝트 수행력, 정보 접근성, 프레젠테이션 능력 등등. 이 같은 격차를 무시하면 피드백은 무용해진다. 따라서 어떤 프로젝트를 논의할 때는 그 프로젝트에 관련된 정보와 데이터베이스, 접근 도구 등을 평등하게 열어놓도록 하라. 수집한 정보를 모두 공개하라. 상사와 부하 간의 피드백에서 가장 경계해야 하는 것이 바로 이 같은 '격차'다. 같은 자료를 읽고, 같은 테이블에 앉아 논의하라. 고급 정보를 갖고 있는 경우, 피드백은 리더십을 발휘하는 데 별 도움이 되지 않는다.

팀장이 얻은 것들을 팀원과 평등하게 공유할 수 있는 방법을 찾아라.

22. 탐문하지 마라

존에 대해서 톰이나 줄리, 찰스에게 묻지 마라. 톰이나 줄리, 찰스가 존에 대해 직접 상담을 요청해오지 않는 한, 먼저 나서서 탐문하고 다니지 마라. 리더는 감시자가 아니다. 리더는 경찰이 아니다. 리더는 심문관이 아니다. 다른 사람들 눈에 존이 어떻게 비치고 있는지 궁금해하지 마라. 바로 우리의 눈에 존이 어떤 팀원으로 비치는지에 대해 집중하라.

23. 속도를 조절하라

피드백을 줄 때 말이 너무 빠르거나 느리진 않는가? 말끝을 습관적으로 흐리진 않는가? 시선 둘 곳을 찾느라 눈동자를 굴리지 않는가? 피드백의 핵심까지 도달하는 데 너무 오래 걸리진 않는가? 다리를 흔들거나 볼펜을 연신 돌려대지는 않는가? 피드백의 강약, 박자, 리듬감을 충분히 고려하라. 안정감을 먼저 주어라. 안정감과 편안함, 자연스러움을 먼저 제공할 수 있을 때 단호함과 확신이 비로소 뒤따른다.

24. 잔소리로 전락시키지 마라

너무 자주 같은 피드백을 반복하거나 재차 확인하지 마라. 핵심을 설명한 다음 상대방이 올바르게 이해했는지 확인했다면, 거기서 끝내라. 듣기 좋은 노래도 자주 들으면 귀에 거슬리게 마련이다. 피드백은 잔소리가 아니다.

25. 정확하게 요약할 시간을 가져라

때론 피드백이 길어질 때가 있다. 무릇 모든 커뮤니케이션은 길어지면 반드시 늘어진다. 따라서 예상보다 길어졌거나, 회의의 말미에 이르렀을 때는 다시 한 번 논의한 사항들을 되짚어가며 간략하게 요약하도록 하라. 그러면 상대방의 이해력이 한결 증진된다.

26. 비밀을 보장하라

피드백을 하는 과정에서 팀원이 동료들에게 털어놓지 못한 사생활이나 프라이버시에 관한 정보를 습득했다면, 반드시 비밀을 보장하라. 그저 안타까운 마음에 도와주고자 하는 선의의 차원에서 그의 비밀을 타인에게 오픈했다 할지라도, 상대방은 결국 말할 수 없는 상처를 입을 수도 있다.

27. 쉽게 말하라

자신의 전문지식을 과시하지 마라. 현학적 자세를 드러내지 마라. 머리글자나 약어는 가능한 삼가라. 탁월한 연설가나 강연가들은 어려운 단어나 표현을 절대 사용하지 않는다. 그들은 청중의 머릿속에 쏙쏙 박히는 용어들을 구사한다. 쉽게 말하는 사람이 가장 강력한 설득력을 지닌다.

28. 먼저 자신의 책임을 인정하라

자신의 과오와 실수를 인정하는 것, 그것이 곧 피드백을 제공하는 사람의 기본적 미덕이다. "톰, 이번 프로젝트에서 공급업체를 잘못 선정한 건 오롯이 내 책임이네. 그 때문에 자네도 힘들었겠군. 자, 다시는 이런 실수는 하지 않도록 합시다."

책임을 인정하지 않는 리더가 세상에 얼마나 많은지 알면 당신은 깜짝 놀랄 것이다. 솔직하게 인정하라. 그러고 나면 인간적으로도 더 깊은 친밀감이 생겨날 것이다.

29. 성과에 대한 보상을 과장하지 마라

프로젝트 성공을 위해선 그에 따른 보상책을 제시하는 것도 필수적이다. 하지만 그 보상책이 너무 과장되면, 상대방은 한껏 자신의 기대치를 높인다. 결과적으로 이 같은 격려를 통해 프로젝트가 성공리에 끝났다 할지라도, 그에 따른 보상책은 팀원들을 만족시키기 어렵다. 격려를 이유로 우리의 능력을 벗어나는 보상책을 제시해선 안 된다. 가장 좋은 것은 결과가 좋았을 때, 생각지도 못했던 보상을 주는 것이다. 그것이 꼭 금전일 필요는 없다. 상대방을 만족시킬 수 있는 보상책이 아니라 상대방을 감동시킬 수 있는 보상책을 차근차근 구상하라.

30. 감동받았던 피드백의 사례를 떠올려라

우리가 지금 이 자리에 있기까지, 우리 또한 많은 피드백을 받았을 것이다. 그 가운데 우리에게 남다른 감동과 변화의 씨앗을 선물한 피드백의 사례들을 뽑아서 정리하라. 그리고 이를 적극적으로 타인에게 활용하라. 부하직원에게 상사가 아니라 멘토가 되어주어라.

31. 이기려고 하지 마라

피드백은 승부를 내는 게임이 아니다. 애써 자신의 의견을 관철하려 하지 마라. 어떻게든 상대방을 설득하려고 노력하지 마

라. 그 같은 자세는 역효과를 초래한다. 마주 앉아 머리를 맞대라. A와 B를 놓고 하나를 선택하려 하지 마라. A와 B를 통해 C를 만들어내는 것, 그것이 피드백의 목적이다.

32. 도움을 청하라

"톰, 이 문제에 대해선 자네의 머리를 좀 빌려야 할 것 같은데, 도와줄 수 있겠어?"

"제인, 자네가 불문학 전공이지? 이 팩스 좀 봐주겠어?"

이처럼 평소에 상대방의 전문지식이나 지혜를 구하는 자세를 견지하면, 상대방은 자신이 존중받는다는 느낌을 갖게 된다. 따라서 우리가 상대방에게 비판적 피드백을 할 때도, 이를 좀 더 긍정적으로 받아들인다. 평소에 도움을 청하라. 피드백받는 사람이 어깨를 으쓱할 수 있는 도움을 청하라.

33. 경험칙을 남발하지 마라

"톰, 내가 그걸 해봐서 아는데……"

"존, 그건 쉽지 않아. 나도 자네 같은 신입 시절엔 무척 고민했지."

물론 경험은 매우 소중한 자산이다. 하지만 경험을 너무 앞세우면 상대방은 거부감을 느낀다. 자고 일어나면 바뀌는 세상이다. 우리의 1년 전 경험이 지금 이 순간에도 통용될 수 있을까? 경험을 전가의 보도처럼 휘둘러서는 안 된다.

34. 권위자 뒤로 숨지 마라

"톰, 무슨 말인지 알겠네. 하지만 이건 사장님 뜻이라서……"

"나도 자네의 고충을 십분 이해한다네. 하지만 윗선은 그렇게 생각하지 않으니 어쩌겠나……"

"존, 힘든 것 알아. 하지만 회사라는 조직이 각 개인의 사정을 일일이 들어주기란 불가능하지. 안 그런가?"

이처럼 권위자나 집단의 뒤로 숨는 버릇은 반드시 버려야 한다. 그러지 않으면 팀원은 우리 상사의 방을 노크하게 될 것이다.

35. 생각지 못한 장소에서 피드백하라

종종 사무실을 벗어나보라. 시간을 내서 야외에서 점심식사를 함께 해보라. 익숙한 환경은 언제나 상투적이고 익숙한 피드백을 만들어내게 마련이다. 때론 전혀 생각지 못했던 곳을 함께 산책하며 대화를 주고받아보라. 신선한 감정과 함께 새로운 친밀감이 형성될 수 있을 것이다. 공식적인 워크숍이 아니라 충동적인 외출을 감행해보라. 서로에 대한 이해도가 깊고 단단해지는 기회를 얻게 될 것이다.

36. 정확한 데드라인을 설정하라

'내일 아침'이 아니라 '내일 아침 9시 30분'까지 보고서를 제출하라고 말하라. '며칠 휴가를 내라'고 하지 말고 '이틀 휴가를 내라'고 말하라. '다음'에 점심을 함께하자고 하지 말고 '목~금요일 중 하루 점심을 하자'고 말하라. 데드라인은 정확하게 설정하라. 그런 다음 상대방이 그 데드라인을 지킬 수 있게 중간중간에 점검해주도록 하라. 프로 비즈니스맨이라면 정확한 숫자를 제시할 수 있어야 한다.

37. 최대한 재량권을 부여하라

프로젝트를 시작할 때는 반드시 컨펌을 받아야 할 사항, 반드시 보고해야 할 사항을 확실하게 피드백하라. 그 외의 것들에 대해선 담당자에게 최대한 재량권을 부여하라. 프로젝트의 실무에 관한 한 팀장보다 담당자가 훨씬 더 많은 정보를 갖고 있을 것이다. 이를 존중하라. 어설프게 시간에 쫓겨가며 모든 걸 일일이 고쳐주고 정정해주겠다는 생각은 버려라. 담당자를 적극적으로 신뢰하라.

38. 뜻밖의 질문을 즐기지 마라

상대방이 전혀 예상치 못한 질문을 던져놓고, 당황하는 모습을 즐기는 팀장들이 많다. 이는 결코 바람직한 피드백 태도가 아니다. 상대방이 작성한 보고서를 회의시간에 논의해야 하는 경우에는, 보고서를 적어도 회의가 시작하기 한 시간 전에는 참석자들과 공유할 수 있게 하라. 회의에 앞서 보고서를 살펴본 후 질문하고 싶은 것들을 담당자에게 미리 알려주어라. 또는 회의에서 가장 강조하고 싶은 것들, 가장 중시해야 할 것들에 대해 미리 담당자에게 힌트를 주도록 하라. 허를 찌르는 질문은 감탄을 자아낼 수 있다. 하지만 감동을 주진 못한다.

39. 자리를 신중하게 선택하라

상대방의 자리로 찾아가 피드백을 하는 것이 효과적인가, 아니면 피드백을 주는 사람의 방으로 피드백을 받는 사람을 부르는 게 효과적인가? 회의실이 좋은가, 아니면 커피를 마실 수 있는 휴게실이 좋은가? 무조건 방으로 부르지 마라. 사안에 따라 자리를 신중하게 선택하라.

40. 책을 권해주어라

책에는 정답이 존재하지 않아도, 분명 길은 있다. 업무에 관해 피드백을 할 때는 도움을 얻었던 책들을 추천하고 선물하라. 밑줄 그은 부분을 읽으며 상대방은 우리의 열정에 지극한 호감과 공감을 느낄 것이다.

41. 생각할 시간을 제공하라

"존, 자네가 공항에 마중을 늦게 나가는 바람에 우리 회사 VIP 고객께서 공항 로비에서 한 시간을 기다리셨네. 우린 그 사실을 고객이 한 시간 후에 회사로 왜 마중을 나오지 않느냐고 전화를 해서 알았고. 공항 도착이 늦을 것 같았으면 진즉에 내게 연락을 해서 대책을 논의했어야 옳았겠지. 자네가 지각한 데에는 그만한 이유가 있을 거야. 난 지금 자네가 공항에 늦게 도착한 걸 갖고 이야기하는 게 아니네. 늦을 걸 뻔히 알면서도 왜 회사에 즉시 연락하지 않았느냐는 거지. 자, 어디 변명이라도 한번 해보게나."

"죄송합니다…… 도로 공사 때문에 차가 너무 막혔고…… 제 휴대폰 배터리가 꺼진 바람에……."

"뭐라고? 그걸 변명이라고 하고 있나!"

이 같은 대화를 통해서 우리가 얻을 수 있는 건 무엇일까? 우리는 정녕 존의 변명을 듣고 싶은가? 물론 아닐 것이다. 존이 어떤 말을 해도 우리는 존을 계속 몰아붙이고 크게 야단을 칠 작정일 것이다. 중요한 것은 존에게 남김없이 분풀이를 해도 우리가 얻을 수 있는 건 없다는 것이다.

지혜로운 팀장이라면 존에게 생각할 시간을 배려해야 한다.

"존, 자네의 심정이 어떨지 잘 알아. 물론 나도, 회사도 지금 많이 화가 나 있고. 잠시 시간을 갖고 왜 이런 엄청난 실수를 우리가 저질렀는지 생각해보도록 하지. 오후 3시에 다시 내 방으로 좀 오도록 하게. 그때 다시 이야기하지."

감정을 가라앉힐 시간과 생각을 차분히 정리할 시간을 서로가 서로에게 배려하면, 좋은 시너지 효과를 얻을 것이다. 존은 자신을 배려해준 팀장을 더욱 따를 것이고, 우리는 존이 진심으로 자신의 실수를 반성함으로써 차후 다시는 그 같은 실수를 하지 않을 충분한 가능성을 확보하게 될 것이다. 이처럼 향후 좀 더 나은 해결책을 얻는 것이 피드백의 목적임을 명심하라.

42. 옷차림에 주의를 기울여라

정장을 입든 운동복을 입든, 구두를 신든 운동화를 신든 간에, 항상 깔끔하고 빈틈없는 옷차림을 유지하라. 피드백은 '말'로만 이루어지는 것이 아니다. 말과 제스처, 옷차림 등등이 정확한 조화를 이룰 때 피드백은 완성된다. 무엇을 입어도 후줄근한 사람의 말은 잘 전달되지 않는다. 무엇을 입어도 단정하고 세련되어 보이는 사람의 말은 제아무리 어눌하다 할지라도 상대방에게 잘 전달된다. 옷차림은 피드백의 시작이자 끝이다.

43. 한 명에게만 집중하지 마라

팀장이 팀원 두 명에게 동시에 피드백을 할 때는 어느 한 명에게 편향되어서는 안 된다. 두 사람에게 고루 질문을 던지고, 두 사람이 서로 비슷한 분량의 답변을 할 수 있도록 배려하라. 두 사람이 피드백에서 얻은 가치가 서로 비슷하도록 만들어라.

44. 멋지게 일어서라

피드백을 한 후에는 격려나 감사, 칭찬 등의 멘트를 잊지 않도록 한다.

"톰, 오늘 내 이야기를 잘 들어주어서 고맙네."

"존, 자네 입장에선 그런 말을 내게 하기 참 어려웠을 텐데, 솔직하게 말해줘서 고맙네."

"오늘 자네의 충고, 인상적이었네."

"이런, 시간이 벌써 이렇게 되었나? 정말 자네와 대화를 나누면 흠뻑 빠져서 시간 가는 줄 모른다니까. 즐거웠네."

45. 최대한 많은 도구를 활용하라

가능한 한 다양한 방법을 동원하라. 수첩에 그림을 그려 설명함으로써 상대방의 이해를 빠르게 하라. 평소 가슴 깊이 새기고 있는 명언이나 경구를 제시하라. 가족사진을 보여줘라. 페이스북과 트위터도 고려하라. 화이트보드와 슬라이드 쇼를 활용하라. 피드백을 상대방이 보고 듣고 만지고 느끼게 하라.

46. 잘 들어라

모든 커뮤니케이션이 그러하듯, 피드백에서도 '경청'은 강력한 힘을 발휘한다. 상대방이 피드백 과정에서 뭔가 의견을 피력하려고 할 때는, 설령 말을 중간에 자르고 들어온다 할지라도 끝까지 잘 들어주도록 하라. 상대방의 말에서 이해가 되지 않는 부분은 다시 한 번 설명해달라고 요청하라. 상대방이 말을 할 때 머릿속으로 상대방의 말을 반박할 생각을 하지 마라. 경청을 실패하는 이유의 대부분은 바로 그 때문이다. 테이블 양쪽에 갈라 앉은 정치인들의 토론을 떠올려보라. 그들은 상대방의 말에 고개를 끄덕이긴 하지만 머릿속엔 온통 상대방을 공격할 궁리로만 가득하다. 그래서 상대방의 질문을 놓치고, 상대방의 핵심을 놓치고, 엉뚱한 말만 늘어놓다가 방청객들로부터 비웃음을 당한다.

들을 때는 오직 듣기만 하라.

47. 내성적인 사람의 말문을 터주어라

내성적인 사람들은 속을 알 수 없는 사람이 아니라, 그저 조용한 사람일 뿐이다. 그들은 늘 침묵에 익숙한 사람들이다. 따라서 내성적인 사람들에게 피드백을 줄 때는 먼저 그들의 말문을 열 수 있는 요령을 익혀야 한다. 의도적이고 공식적이고 진지한 피드백보다는 평소 가볍게 그들과 대화할 수 있는 훈련부터 하도록 하라.

"톰, 모처럼 우리 팀이 한가하군. 나와 차 한 잔 하겠나?"

"존, 그동안 너무 바빠 별로 대화도 못 나눴군. 어떤가, 자네 근황 좀 들려주겠나?"

"제인, 그 머리핀 어디서 샀어? 무척 예쁘다."

평소에 가볍게 그들에게 접근할 수 있는 방법을 찾아라. 내성적인 사람들도 처음 입을 열기가 어려울 뿐, 한 번 말문이 트이면 곧잘 대화를 즐긴다. 가볍게 접근해서 해주고 싶었던 피드백으로 자연스럽게 이어나가라. 명심하라. 말문을 먼저 터주는 것이 핵심이다.

48. 코치를 찾아라

성공하는 사람들의 공통점이 무엇인지 아는가? 그들은 모두 자신의 일과 삶에 직언과 조언을 해줄 코치를 두고 있다는 것이다. 팀장은 팀원들의 코치다. 그렇다면 팀장의 코치는 누구인가? 팀장의 커뮤니케이션을 탁월하게 만들어줄 사람을 찾아야 한다. 그 코치를 찾는 데 비용과 시간을 과감하게 투자하라. 팀장의 코치는 그의 배우자일 수도 있고, 세계적인 석학일 수도 있고, 팀장의 동료, 상사 또는 고객일 수도 있다. 피드백을 곁에서 가감 없이 지켜보며 아낌없는 충고와 쓴소리를 해줄 수 있는 사람을 구하라. 훌륭한 코치를 고용한 사람은 결코 실패하지 않는다.

49. 당신이 피드백을 제공하는 데 가장 적절한 인물인가?

당신의 팀원이 10명이라고 하자. 당신은 그 10명 모두에게 가장 탁월한 피드백 제공자인가? 팀장이란 이유로, 모든 팀원에게 언제나 뛰어난 피드백을 주어야 한다는 강박은 버려라. 가장 잘

할 수 있는 피드백에 집중하라. 잘 모르는 분야에 대해선 전문가나 연사, 강연가를 초빙하라. 그들로 하여금 팀원들에게 피드백을 제공케 하라. 글로벌 기업의 CEO가 성공가도를 달릴 수 있는 이유는, 그에게는 수십, 수백 명에 이르는 탄탄한 보좌진과 참모진이 있기 때문이다.

물론 우리는 CEO가 아니다. 하지만 우리 또한 얼마든지 우리를 보좌할 수 있는 참모진을 구성할 수 있다. 바로 외부 컨설턴트들을 네트워크 망 안으로 끌어들이는 것이다. 소셜네트워크 시스템을 적극 활용하고, 사내에서도 팀에 도움을 줄 수 있는 멘토들을 구성한다. 팀의 프로젝트에 유용한 조언과 지침을 줄 수 있는 고객체험단을 발족시킨다. 이 모든 노력이 피드백 시스템을 입체적으로 만들어줄 것이다.

50. 사람과 사람을 이어주어라

우리가 아는 가장 큰 오해 가운데 하나는 '말하지 않아도 알 거야'다. 정말 가까운 사이에서는 표현하지 않아도 다 이해할 거라는 착각. 하지만 이런 혼자만의 믿음은 기실 무관심을 그럴듯하게 포장한 것뿐이다. 칭찬으로든, 미소로든, 비판으로든, 손짓으로든, 서로의 생각을 함께하지 않는 인간관계는 머지않아 황폐해지고 만다.

피드백은 사람과 사람 사이에 다리를 놓는 작업이다. 그 다리는 '신뢰' 위에 구축되어야만 끊어지지 않는다. 신뢰는 헌신과 개선과 혁신, 궁극적인 변화를 낳는다. 지지적 피드백이든 교정적 피드백이든 간에, 모든 피드백은 진심에 바탕해야 한다. 진심은 강력한 힘을 발휘한다. 사람은 진정 그를 돕고자 하는 마음을 나타낼 때 비로소 한 발 한 발 움직인다. 그리고 그 한 발 한 발이 결국 위대한 목표를 정복하게 만든다.

피드백의 목적은 상대방을 우리의 편으로 만드는 데 있지 않다. 상대방과 우리가 한 곳을 향해 따뜻한 동행을 이루어 전진할 수 있게 만드는 데 있다. 피드백이 우리의 동행을 비추는 아름답고 매혹적인 등불이 되도록 노력하라.

"피드백은 상대의 심장을 빼앗을 수도,
상대에게 심장을 달아줄 수도 있다."

• 리처드 윌리엄스 •

사람을 움직이는
피드백의 힘

초판 1쇄 인쇄 2023년 5월 23일
초판 1쇄 발행 2023년 6월 1일

지은이 리처드 윌리엄스
옮긴이 고원

펴낸이 전희경
펴낸곳 (주)글로벌브릿지
주소 경기도 남양주시 조안면 다산로 362번길 19-12
출판등록 2019년 6월 5일 제399-251002019000016호
이메일 ganibook@naver.com
전화 031-516-6133

- 이 책 내용의 전부 또는 일부를 재사용하려면 반드시 저작권자와 글로벌브릿지의 서면 동의를 받아야 합니다.
- 잘못 만들어진 책은 구입하신 서점에서 교환해 드립니다.